Johanna Handschmann

Lust auf Apfel

Südwest

Inhalt

Knusprige Leber mit Äpfeln und Erbsen gelingt leicht

Karamellisierte Äpfel mit Zimtsahne schmecken unübertroffen gut

Apfelstrudel ist der Klassiker unter den Apfelkuchen

Äpfel – vielseitig und gesund

Im Prinzip können Sie jedes Apfelgericht mit jeder beliebigen Apfelsorte zubereiten. Es ist aber noch interessanter, die sortentypischen Geschmacks- und Kocheigenschaften bei den verschiedenen Rezepten auszuprobieren.

Die Wurzeln des Apfels

Mittelasien ist vermutlich die Urheimat des Apfels. Archäologische Funde belegen, dass er dort schon vor etwa 8000 Jahren angebaut wurde. Über die Jahrtausende verbreitete sich der Apfelbaum in alle Teile der Welt. Dabei passten sich die Sorten den unterschiedlichen klimatischen Bedingungen an.

Symbolkraft des Apfels

Äpfel gehören zu den gesündesten und vitalstoffreichsten Obstsorten. Die Symbolkraft des Apfels hat auch heute noch große Bedeutung in vielen Lebensbereichen: Der Apfel steht unter anderem für Liebe, Schönheit, Macht, Versuchung, betörenden Geschmack und natürlich für Gesundheit.

Als verbotene Frucht und Frucht der Erkenntnis ist der Apfel das christliche Symbol für die Vertreibung aus dem Paradies. Seit Jahrhunderten werden Äpfel in der Volksheilkunde erfolgreich eingesetzt. Die Erkenntnisse über die vielfältige Wirkung von Äpfeln sind nicht neu, doch leider oft etwas in Vergessenheit geraten. Dieses Buch will die Bedeutung des Apfels wieder in Erinnerung rufen, die positiven Wirkungen aufzeigen und vor allem viele neue und alte Rezepte rund um den Apfel präsentieren.

Eine echte Hausapotheke

Das englische Sprichwort »An apple a day, keeps the doctor away« bringt die vielen Vorteile, die Äpfel für die Gesundheit haben können, auf einen Punkt: Äpfel sind sehr gesund, denn sie enthalten viele wichtige Biostoffe, die uns gut tun. Da der Apfel mit 52 Kilokalorien pro 100 Gramm nicht nur sättigt, sondern wegen seines Fruchtzuckeranteils auch die Leistungsfähigkeit fördert, ist er eine ideale Zwischenmahlzeit für zu Hause oder unterwegs. Ohne zu übertreiben, ist der Apfel eine kleine Hausapotheke, vorausgesetzt, er wurde kontrolliert und natürlich angebaut und enthält keine Rückstände von Pflanzenschutzmitteln. Äpfel beugen Krankheiten vor, stärken die Körperabwehr und können bei kleineren Gesundheitsproblemen, z. B. Verstopfung oder Durchfall, helfen.

Die inneren Werte

Die Gesundheitspower der Äpfel liegt in Ihrem Gehalt an wertvollen Vitaminen, Mineralstoffen, Ballaststoffen und Sekundären Pflanzenstoffen. Daneben enthalten Äpfel kaum Eiweiß und Fette, aber reichlich Wasser und Kalium.

Vitamine

Äpfel enthalten neben den Vitaminen A, D, E, B_1, B_2 und B_3 sehr viel Vitamin C. Der Vitamin-C-Gehalt schwankt je nach Sorte, Reifezustand, Lagerung und Anbaugebiet: In Deutschland bei gemäßigtem Klima gereifte Äpfel haben einen höheren Vitamin-C-Gehalt als Äpfel aus wärmeren Anbaugebieten.

Mineralien und Spurenelemente

Äpfel liefern viele wichtige Mineralstoffe und Spurenelemente, wie Kalium, Phosphor, Kalzium, Magnesium, Eisen, Zink, Kupfer, Fluor, Jod und Selen. Alle Mineralstoffe liegen in einer leicht verwertbaren Form vor, so dass sie schon kurz nach dem Verzehr wirken können.

Ballaststoffe

Äpfel enthalten verdauungsfördernde Ballaststoffe. Dazu gehören auch die im Apfel reichlich vorhandenen Pektine. Diese können Giftstoffe wie Blei und Quecksilber binden und aus dem Körper transportieren. Pektine können außerdem helfen, einen erhöhten Cholesterin- bzw. Blutfettspiegel zu senken und Darmkrebs vorzubeugen. Zusätzlich bremst Pektin den Hunger, da es im Darm aufquillt und länger im Magen verweilt. Wir bleiben länger satt.

Fruchtsäuren

Spezielle Apfelsäuren (z. B. Tartarinsäure) schützen den Darm vor unerwünschter Bakterienansiedlung und reinigen ihn schonend. Bei der Vorbeugung von Gicht (zu hohe Harnsäurewerte im Blut) spielen Äpfel schließlich eine nicht zu unterschätzende Rolle. Nicht nur, dass Apfelsäure Harnsäurekristalle auflösen kann. Vielmehr fördern Äpfel die Nierenfunktion und somit die Ausscheidung von Harnsäure.

Biostoffe

Äpfel enthalten sehr viele Sekundäre Pflanzenstoffe, die ganz enorme Wirkungen auf unsere Gesundheit haben: So können die Phenole aus dem Apfel, z. B. Flavonoide oder Phenolsäuren, sogar als Vorbeugemittel gegen Herzinfarkt und Krebs wirken.

Fruchtzucker

Äpfel enthalten reichlich Fruchtzucker. Daher sind Äpfel für Diabetiker besonders günstig. Fruchtzucker kann sich außerdem positiv auf die Stimmungslage auswirken.

Etwa 70 Prozent der Vitamine sitzen in oder direkt unter der Schale. Sie selbst enthält wichtige Mineralien, Ballaststoffe (z. B. Pektin) und Sekundäre Pflanzenstoffe (Phenole). Gründe genug, den Apfel ganz – mit Schale – zu essen. Dabei ist es wichtig zu wissen, wie der Apfel angebaut wurde. Bevorzugen Sie daher Äpfel aus kontrolliertem Anbau und informieren Sie sich, woher die Äpfel stammen.

Der Apfel – ein Multitalent

Äpfel sind rundum gesund. Und wer täglich einen Apfel verzehrt, fördert ohne Zweifel sein Wohlbefinden und beugt zahlreichen Unpässlichkeiten vor, die durch eine unzureichende Versorgung mit Vitaminen, Mineral- und Vitalstoffen auftreten können.

Äpfel und Cholesterin

Das Auftreten eines erhöhten Cholesterinspiegels ist keine Seltenheit. Er zählt zu den größten Risikofaktoren für Herzinfarkt. Ursachen der erhöhten Werte können in einer genetischen Veranlagung liegen. Aber auch fettreiche tierische Lebensmittel liefern große Mengen an Cholesterin. Es ist jedoch an sich zunächst nicht schädlich. Im Gegenteil: Es ist unverzichtbarer Bestandteil für den Organismus. Als fettähnliche Substanz ist es wichtig für den Zellwandaufbau und dient als Vorstufe für Gallensäuren und einige Hormone. Die beste Vorbeugung ist eine ausgewogene Ernährung, die nicht zu fettreich, aber ballaststoffreich sein sollte. Äpfel sind in diesem Zu-

Das Apfelangebot unterliegt keinen so großen Schwankungen wie das anderer Früchte. Die meisten Apfelsorten lassen sich mehrere Wochen bis Monate lagern, und wir können das ganze Jahr über diese Powerfrüchte genießen.

10 gute Gründe, Äpfel zu essen

1. Äpfel helfen bei Erschöpfung und Durchblutungsstörungen.
2. Äpfel regeln Verdauungsprobleme, sowohl Verstopfung als auch Durchfall.
3. Äpfel kräftigen Immunsystem, Herz und Kreislauf.
4. Äpfel wirken beruhigend.
5. Äpfel können Cholesterin-, Blutfettwerte und erhöhten Blutdruck senken.
6. Äpfel machen schlank, sie können energiereduzierte Diäten sinnvoll unterstützen.
7. Äpfel als Zwischenmahlzeit verzehrt, stabilisieren den Blutzuckerspiegel.
8. Äpfel kräftigen die Gefäße, vor allem schwache Venen.
9. Äpfel halten das Zahnfleisch gesund, wirken entzündungshemmend auf den ganzen Körper und steigern das Wohlbefinden.
10. Äpfel wirken einer Übersäuerung entgegen, da sie basisch verstoffwechselt werden und Harnsäure abbauen können.

sammenhang geradezu ein ideales Lebensmittel. Sie liefern so gut wie kein Fett und enthalten wertvolles Pektin – ein Vertreter der Ballaststoffe. Pektin bindet im Magen Fette und Cholesterin, die dann leichter ausgeschieden werden können. Somit helfen die knackigen Früchte, Cholesterinwerte im Blut zu senken.

Äpfel und Allergie

- Birkenpollenallergiker reagieren meist auch allergisch auf manche Apfelsorten, da die allergieauslösenden Stoffe der Birkenpollen mit einem bestimmten Eiweißstoff der Äpfel »überempfindlich« reagieren.
- Wie Erfahrungen zeigen, gibt es in der Regel nur beim Verzehr von rohen Äpfeln allergische Reaktionen. Das hat den einfachen Grund, dass die Allergene im Apfel, also die Allergieauslöser, sehr empfindlich gegenüber Sauerstoff und Hitze sind. Sie werden demnach beim Kochen oder Backen zerstört, und Äpfel werden so auch von Allergikern meist gut vertragen. Sie brauchen also nicht auf Äpfel zu verzichten.
- Die einzelnen Apfelsorten haben je nach Sorte oder Reifezustand ein unterschiedliches allergenes Potenzial. Golden Delicious und Granny Smith sind stark allergen, während Boskoop und andere alte Apfelsorten weniger allergieauslösend wirken. Durch zunehmende Reifung wird die allergene Wirkung stärker, daher sind frisch geerntete Äpfel meist besser verträglich.

Apfelartige Heilmittel

Apfelgrog (hervorragend gegen Erkältung)
Für 1 Glas
1/4 l Apfelwein mit etwas Zimt, 2 Gewürznelken und etwas abgeriebener Zitronen- oder Orangenschale erhitzen. 1 TL Apfelessig oder Calvados zugeben und nach Geschmack mit Honig, Apfeldicksaft oder Zucker süßen. Heiß oder warm trinken.

Immun-Mix (macht stark gegen Krankheiten)
Für 2 Gläser
1 Apfel waschen, würfeln und mit 50 g geschälter Roter Bete im Mixer zerkleinern. 1 EL Zitronensaft, 2 EL Joghurt und etwa 1/4 l Apfelsaft verrühren.

- Allergiker können durch geschickte und abwechslungsreiche Sortenwahl die allergischen Belastungen minimieren.

Wirksam bei Durchfall

Die Pektine im Apfel helfen bei Duchfall: 3- bis 4-mal am Tag einen nicht zu reifen Apfel fein reiben und einige Minuten stehen lassen, bis sich das Fruchtfleisch braun färbt. Dann verzehren. Reichlich trinken.

Hilfreich bei Verstopfung

Bei Verstopfung nutzt man die verdauungsfördernde Wirkung der Ballaststoffe im Apfel. In diesem Falle unbedingt Schale und Kerngehäuse mitessen.

Äpfel sind der ideale Pausensnack für unterwegs, denn sie lassen sich problemlos mitnehmen. Sie liefern Vitamine, Ballaststoffe und wichtige bioaktive Substanzen. Wegen des hohen Wassergehalts sind sie eine fruchtige Erfrischung.

Die Apfelsorten – ein Überblick

Äpfel enthalten kaum Eiweiß und Fett, dafür aber eine beachtliche Menge an Ballaststoffen, Vitaminen und Mineralien – und alles köstlich verpackt. Der tägliche Apfel ist eine optimale Gesundheitsvorsorge für jeden: vom Kleinkind üder den Topmanager bis hin zum Rentner.

Es gibt hunderte verschiedener Apfelsorten auf der Welt. In Deutschland sind etwa 20 Sorten verbreitet. Heute sind andere Sorten modern als noch vor 30 Jahren. Nicht, dass man die alten Sorten nicht mehr haben möchte, aber sie hatten einige Unzulänglichkeiten. Aus diesem Grunde arbeiten die Obstbauern und Zuchtbetriebe daran, neue Sorten zu finden, die krankheitsresistent sind, einen kräftigen Geschmack entwickeln und ideal verwendet und weiterverarbeitet werden können. Im Folgenden sind die wichtigsten Apfelsorten genannt.

Die ersten Äpfel der Saison werden ab Juli geerntet. Sie haben ein zartes Fruchtfleisch, das schnell zerkocht. Sie sind ideal für Kompotte, Apfelpürees und zum Beispiel für gedeckten Apfelkuchen. Die Herbst- und Wintersorten sind meist knackig und saftig und haben eine kräftige Säure. Sie eignen sich sehr gut zum Lagern.

Im Prinzip können Sie jedes Apfelgericht mit jeder beliebigen Apfelsorte zubereiten. Es ist aber noch interessanter, die sortentypischen Geschmacks- und Kocheigenschaften bei den verschiedenen Zubereitungsmöglichkeiten auszuprobieren und auszunutzen.

Frühe Sorten

Feinsäuerlich-mild, d. h. dezente Säure und mildes Apfelaroma

Ideal für Müsli, Salate, Suppen, Sauce, Pürees, Schnellgerichte, Fischgerichte, Aufläufe, Kuchen, Gebäck.

Gloster: überwiegend dunkelrote Schale mit nur wenigen grün-gelblichen Anteilen. Der Geschmack ist feinsäuerlich und mild-fruchtig. Ein sehr dekorativer Apfel.

Gloster ist vielseitig zu verwenden.

Alkmene: ein Frühapfel mit gelblich-grüner Grundfarbe, sonnenseits orangerot geflammt. Er schmeckt süß-fruchtig und aromatisch, mit feiner Säure.

Gravensteiner: ein Frühapfel mit grüner Grundfarbe und roten

Sprenkeln. Er schmeckt feinsäuerlich-mild fruchtig und wird schnell mürbe. Ein idealer Apfel zum roh Essen und zum Kochen, da er sehr schnell weich wird.

Der Delbardestivale ist säurearm.

Delbardestivale: eine Neuzüchtung, die an Beliebtheit gewinnt. Die Farbe ist gelbgrün mit rötlichen Streifen. Der Geschmack ist sehr ausgewogen, mit dezenter Säure, angenehmem Aroma und knackiger Saftigkeit. Wegen des niedrigen Zuckergehalts ist der Delbardestivale ein guter Apfel für Diabetiker und für alle, die keine Säure vertragen.

Späte Sorten

Feinsäuerlich-aromatisch, d. h. dezente Säure und kräftiges Aroma

Geeignet für Müsli, Salate, Suppen, Sauce, Pürees, Schnellgerichte, Fisch- und Fleischgerichte, Aufläufe, Kuchen, Gebäck, Desserts, Bratäpfel.

Jonagold: glattschalig mit roten Wangen und gelblich-grüner Grundfarbe. Zur Zeit einer der beliebtesten Äpfel. Wegen seines ausgewogenen feinsäuerlichen und süß-aromatischen Geschmacks ist er ein Apfel für alle Verwendungsmöglichkeiten. Da er sich gut lagern lässt, ist er fast ganzjährig verfügbar.

Elstar: gelblich-grüne Grundfarbe, dunkel- bis ziegelrote Wangen, die an den Rändern streifig werden. Der Geschmack ist kräftig süß bis feinsäuerlich und aromatisch. Auch der Elstar ist sehr vielseitig zu verwenden. Wegen seiner Knackigkeit ist er zum roh Essen sehr beliebt.

Cox Orange: zeigt eine gelblich-grüne Grundfarbe mit schmalen, hell- bis dunkelroten Streifen. Er schmeckt sehr aromatisch, süß-fruchtig und hat eine mittlere Säure. Das würzige Apfelaroma ist gepaart mit einem dezenten, an Orangen erinnernden Geschmack. Neben Cox-Orange gibt es noch andere Mutanten dieser Apfelfamilie.

Braeburn: kräftig dunkelgrüne Grundfarbe mit etwas rot geflammter Deckfarbe. Er schmeckt säuerlich-aromatisch, mit gut abgestimmter Süße. Er hat den höchsten Vitamin-C-Gehalt aller Apfelsorten und eignet sich daher sehr gut zum Kochen, da er wegen des hohen Askorbinsäuregalts nicht

Die roten Backen bekommen die Äpfel von dem Sonneneinfall; je mehr Sonnenlicht die Schale erreicht, umso ausgeprägter sind die roten »Bäckchen« der Äpfel. Daher sehen nicht alle Äpfel einer Sorte gleich aus.

Manchmal erfordert das Rezept, dass die Äpfel geschält werden müssen. Sind es nur wenige Äpfel, essen Sie die Schale doch einfach auf, bevor wertvolle Vitamine und Ballaststoffe verloren gehen.

so schnell braun wird. Ein weiterer Vorteil sind die guten Backeigenschaften dieses Apfels.

Die Rubinette schmeckt roh sehr gut.

Rubinette: relativ junge Apfelsorte, die bei Geschmacktests fast immer an der Spitze liegt. Sie hat den höchsten Zuckergehalt aller Äpfel, verbunden mit einer mittleren Säure, sie schmeckt also ganz besonders fruchtig-aromatisch. Das Aussehen ist gelblich-grün mit orangeroten Streifen. Ein idealer Apfel für viele Verwendungsmöglichkeiten.

Süß-fruchtig, d. h. mit wenig Säure

Ideal für Müsli, Salate, Suppen, Sauce, Pürees, Aufläufe, Kuchen, Gebäck, Desserts, Bratäpfel.

Gala: eine Kreuzung von Red Delicious und Cox Orange. Der Gala hat eine überwiegend rote Schale, die je nach Mutante flächig oder geflammt ist. Die Schale fühlt sich etwas wachsig an. Das Fruchtfleisch ist fest und knackig. Das macht die Frucht besonders beliebt zum roh Essen. Die Sorte Gala hat im Vergleich zu allen gängigen Sorten, die auf dem Markt zu finden sind, sehr wenig Säure und relativ viel Zucker. Das macht ihn besonders bei Kindern beliebt.

Idared: große, meist rote Früchte mit etwas fester Schale. Schmeckt süß, hat wenig Säure und wenig Zucker. Ein Apfel für säureempfindliche Gaumen, der leider schnell mehlig wird. Daher diese Sorte nicht lange liegen lassen. Richtig gelagerte Idared bleiben länger saftig.

Idared ist ideal für Diabetiker.

Red Delicious: dunkelrote, relativ feste Schale und mit leicht säuerlichem bis süßem Fruchtfleisch. Leider kann der Red Delicious schnell mehlig werden.

Golden Delicious: grüne Grundfarbe, bei zunehmender Reife gelb. Er schmeckt süß-fruchtig mit leichtem Bananengeschmack. Ein Apfel, der zum richtigen Zeitpunkt geerntet sehr gut schmecken kann. Leider hat sein Ruf in den vergangengen Jahren durch Massenproduktionen etwas gelitten. Er passt für alle süßen

Gerichte und für alle, die es nicht so sauer mögen.

Golden Delicious ist sehr saftig.

Säuerlich-aromatisch, d. h. kräftige Säure und kräftiges Aroma

Geeignet für Schnellgerichte, Pürrees, Aufläufe, Desserts, Fisch- und Fleischgerichte, Bratäpfel.

Roter oder grüner Boskoop: alte Apfelsorte, die heute noch kultiviert wird. Grüne oder rote, rauhe Schale. Boskoop schmeckt jung stark säuerlich und saftig und als gereifter Apfel mürbe und weich. Boskoop zerfällt beim Erhitzen sehr schnell.

Boskoop eignet sich gut zum Backen.

Der Glockenapfel ist sehr erfrischend.

Glockenapfel: hat einen ähnlichen Säuregehalt wie der Boskoop, enthält jedoch weniger Zucker als dieser. Die Schale des Glockenapfels ist grün bis gelb. Die Form ähnelt, wie der Name bereits verrät, einer Glocke. Diese Apfelsorte ist ideal für alle, die es säuerlich erfrischend mögen. Er wird gerne roh gegessen.

Berlepsch hat ein edles Aroma.

Berlepsch: flachkugelig, rötlichgelb gefärbt. Diese Sorte bekommt durch viele rostartige Punkte eine etwas raue Schale. Das feste, gelbliche Fruchtfleisch ist sehr saftig und sehr Vitamin-C-reich. Der Geschmack ist kräftig säuerlich mit mittlerem Zuckergehalt.

Wenn Sie Apfelschalen übrig haben, bereiten Sie sich aus 4 Esslöffeln getrockneten, zerkleinerten Apfelschalen, mit heißem Wasser übergossen, einen Apfelschalentee zu. Lassen Sie ihn 10 Minuten ziehen. Der Tee hilft bei Erkältungen und Bronchitis und wirkt abführend.

Einkauf und Lagerung

Äpfel lassen sich gut einfrieren. Äpfel waschen, schälen, entkernen und das Fruchtfleisch in Viertel oder kleiner schneiden. In wenig Wasser unter Zugabe von etwas Zitronensaft kurz dünsten. In Stücken oder püriert einfrieren.

Regeln für den Apfeleinkauf

❶ Kaufen Sie nur ausgereifte Äpfel. Das Erkennungszeichen ist eine ausgeprägte Kelchregion mit weit auseinander liegenden Wölbungen und einer tiefen Kelchgrube.

❷ Achten Sie bei verpackter Ware darauf, dass Sortenname, Herkunftsland, Handelsklasse, Gewicht, Preis und Abpackbetrieb vermerkt sind.

❸ Achten Sie bei deutschen Äpfeln auf das Zusatzkennzeichen »aus biologischem« oder »aus integriertem und kontrolliertem Anbau«. Die meisten deutschen Apfelanbauer arbeiten nach den Richtlinien des integrierten und kontrollierten Anbaus. Dabei ist eine größtmögliche Schonung der Natur das oberste Prinzip.

❹ Gewachste Äpfel müssen laut EU-Bestimmungen entsprechend gekennzeichnet werden. Leider fehlen meist die entsprechenden Hinweise. Wer auf Nummer Sicher gehen möchte: Deutsche Äpfel dürfen nicht gewachst werden. Wenn sich manche deutsche Apfelsorten »fettig« anfühlen, liegt dies an einem sorten- und lagerbedingten Reifeprozess, z. B. bei Jonagold.

Lagerung und Konservierung

In den CO_2-Lagern der Apfelerzeuger werden die Äpfel bei hohen Kohlendioxidwerten und geringem Sauerstoffgehalt in Spezialräumen ohne zusätzliche Mittel gelagert. Die kühle, sauerstoffarme Lagerung versetzt den Apfel in eine Art Dämmerschlaf. Dabei werden die Stoffwechselvorgänge verlangsamt, die Äpfel verlieren fast überhaupt keine Nährstoffe und bleiben wie frisch geerntet.

❶ Die Apfelproduzenten sind heute in der Lage, durch optimalen Erntezeitpunkt und Lagerung in CO_2-Lagern die meisten Apfelsorten fast ganzjährig knackfrisch auf den Markt zu bringen. Für normale Haushalte, die keine kühlen Keller besitzen, ist es am besten, wenn Sie die Äpfel in haushaltsüblichen Mengen etwa ein- bis zweiwöchig frisch kaufen.

❷ Frisch geerntete, geeignete Sorten können bis zu sechs Monate gelagert werden, wenn ein dunkler, kühler und luftfeuchter Lagerraum vorhanden ist. Wichtig ist, dass die Früchte nicht zu spät geerntet und gleich nach der Ernte gekühlt werden.

3 Die Lagertempertur für Äpfel im Keller sollte mindestens bei 6 bis 8 °C liegen.

4 Äpfel während der Lagerung regelmäßig kontrollieren und, falls nötig, faulende Früchte rechtzeitig aussortieren.

5 Kleinere Apfelmengen lassen sich gut in Plastiktüten aufbewahren. Die Äpfel vorkühlen, in die Beutel füllen und dicht verschließen. Wenn sich nach einer Woche die Beutel mit CO_2 gefüllt haben und sich aufblähen, die Beutel einstechen, damit die CO_2 Werte nicht zu stark ansteigen.

6 Achtung: Äpfel nie zusammen mit Kartoffeln in einem Raum lagern, da die Äpfel durch Atmungsprodukte der Kartoffel zu schnell reifen und schneller verderben.

Äpfel eignen sich auch sehr gut zum Trocknen. Gewaschene, entkernte Äpfel in fünf Millimeter dicke Ringe schneiden und im Backofen bei 40 °C oder in einem Dörrapparat trocknen.

Äpfel richtig zerkleinern

1 *Die Äpfel gründlich unter fließendem Wasser heiß abwaschen und mit einem Tuch abreiben.*

2 *Wenn Äpfel geschält werden sollen, die Schale mit einem Sparschäler dünn abschälen.*

3 *Apfelviertel: Die Äpfel mit einem scharfen Messer vierteln und das Kerngehäuse ausschneiden.*

4 *Apfelschnitze: Die Apfelviertel mit einem scharfen Messer nochmals 3- bis 4-mal längs zerteilen.*

5 *Feine Scheiben: Die dünnen Apfelschnitze in feine Querscheiben schneiden.*

6 *Raspeln: Die Äpfel an Stiel- und Blütenansatz festhalten und raspeln oder fein reiben.*

7 *Aushöhlen: Mit einem Apfelausstecher Apfel durchbohren und Kerngehäuse herausdrehen.*

8 *Es gibt Apfelzerteiler, die in einem Arbeitsgang Schnitze schneiden und das Kerngehäuse entfernen.*

Snacks für zwischendurch

Ob als Müsli, Omelett, Suppe, Dip oder Sauce – hier zeigt der Apfel seine unbegrenzten Möglichkeiten. Kleine und schnelle Gerichte sind stets beliebt und beeindrucken durch ihre unkomplizierte Zubereitung. Die pikante Apfelsuppe mit roten Linsen, Zwiebeln, Knoblauch, Paprika und Meerrettich liefert z. B. viele Biostoffe und wird Sie ebenso überzeugen wie die Apfel-Curry-Sauce zum Dippen oder die Apfelküchlein mit locker aufgeschlagener Apfel-Zabaione.

Wenn Sie das Apfelmüsli als Hauptgericht servieren möchten, nehmen Sie die doppelte Menge und reichen dazu einen saftigen Fruchtsalat.

Fruchtig erfrischend

Apfelmüsli mit Süßreis

Für 4 Portionen

1 unbehandelte Zitrone
1/2 l Milch oder Wasser
1 Prise Zimt
200 g Süßreis, ersatzweise Milchreis
4 Äpfel, süß oder feinsäuerlich, z. B. Idared oder Jonagold
2 EL Sahne
1/8 l Apfelsaft
1–2 EL Mandeln, ersatzweise Haselnüsse
50 g Himbeeren oder Erdbeeren

30 Minuten

1 Die Zitrone heiß abwaschen. Die Hälfte der Schale dünn abschälen und fein hacken.

2 Milch oder Wasser zusammen mit Zimt und Zitronenschale erhitzen. Den Reis einstreuen und bei schwacher Hitze zugedeckt etwa 20 Minuten leicht kochen und ausquellen lassen.

3 Die Äpfel waschen, schälen, entkernen und das Fruchtfleisch fein würfeln oder grob raspeln.

4 Wenn der Reis weich ist, das Wasser eventuell abgießen, die Äpfel, die Sahne und den Apfelsaft einrühren und 2 bis 3 Minuten bei schwacher Hitze erwärmen. In vier Dessertschalen füllen.

5 Die Mandeln oder Haselnüsse je nach Belieben grob hacken oder fein reiben und über die Reis-Apfel-Masse streuen. Mit Himbeeren oder Erdbeeren verzieren.

Pro Portion: 1618/387 kJ/kcal
9 g Eiweiß • 10 g Fett
61 g Kohlenhydrate • 6 g Ballaststoffe • 23 mg Cholesterin

Tipp der Köchin

Dieses Müsli schmeckt auch sehr gut mit Hirse statt mit Süßreis. Wenn es am Morgen schnell gehen muss, kochen Sie den Reis am Abend vor und erhitzen ihn am Morgen mit Sahne oder Apfelsaft und dem Obst.

Himbeeren oder alle anderen Beeren und Früchte können dem Apfelmüsli eine fruchtige Note geben. Dabei sollten persönlicher Geschmack und die Jahreszeit entscheiden.

Gelingt leicht

Apfel-Omelett mit Käse

Für 4 Portionen

2 große Zwiebeln
40 g Butter
2 feinsäuerliche Äpfel
3–4 Eier
1/8 l Milch
Salz, Pfeffer
50 g Emmentaler
50 g Kresse oder Petersilie

20 Minuten

1 Zwiebeln in Ringe schneiden und in der Butter goldbraun braten. Äpfel entkernen, Fruchtfleisch fein würfeln und zu den Zwiebeln geben. Deckel auflegen.

2 Eier mit Milch, Salz und Pfeffer verquirlen. Den Käse fein reiben. Kräuter fein hacken.

3 Käse und Kräuter mit der Eiermilch vermischen und diese über die Zutaten in der Pfanne gießen. Das Omelett bei aufgelegtem Deckel und schwacher Hitze stocken lassen.

Pro Portion: 1334/319 kJ/kcal
14 g Eiweiß • 21 g Fett
15 g Kohlenhydrate • 5 g Ballaststoffe • 288 mg Cholesterin

Das Apfel-Omelett mit Käse gelingt in nur wenigen Minuten. Zusammen mit einem frischen Salat ist es ein komplettes Essen.

Pikante Vorspeise

Apfelsuppe mit roten Linsen

Anstelle von Meerrettich können Sie auch eine fein geschnittene Pfefferschote als scharfe Abrundung zugeben. Aber Vorsicht: Die Inhaltsstoffe der Pfefferschote brennen stark auf den Schleimhäuten. Deshalb sollten Sie sich nach dem Zerkleinern sofort die Hände waschen.

Für 4 Portionen

- 2 Zwiebeln
- 2 Knoblauchzehen
- 100 g Pastinaken oder Petersilienwurzeln
- 100 g rote Linsen
- 20 g Butterschmalz, ersatzweise Öl
- 1 rote Paprikaschote
- 4 Äpfel, feinsäuerlich-aromatisch
- 1/4 l Apfel- oder Weißwein
- 1–2 TL Apfelessig
- 1/4 l Gemüse- oder Fleischbrühe
- Salz, Pfeffer
- 1 Prise Curry
- 1 EL geriebener Meerrettich, frisch oder aus dem Glas
- 100 g Sahne
- 1 Bund Schnittlauch

50 Minuten

1 Zwiebeln und Knoblauch abziehen und fein hacken. Pastinaken oder Petersilienwurzeln waschen, gründlich bürsten oder schälen und mittelgrob raspeln. Linsen verlesen, waschen und mit 1/2 Liter kaltem Wasser in eine Schüssel geben.

2 Butterschmalz erhitzen und Zwiebeln und Knoblauch darin goldbraun braten. Die geraspelten Wurzeln dazugeben und einige Minuten anbraten. Die Linsen mit dem kalten Wasser einrühren. Bei mittlerer Hitze etwa 15 Minuten kochen lassen. Dabei die Linsen gelegentlich umrühren.

3 Paprikaschote waschen, halbieren, die Trennwände und Kerne entfernen und die Schote würfeln. Äpfel waschen, entkernen und das Fruchtfleisch grob würfeln. Äpfel und Paprika mit Wein, Essig und Brühe in die Suppe geben und 10 Minuten kochen lassen.

4 Die Suppe je nach Geschmack mit Salz, Pfeffer, Curry und Meerrettich würzen. Sahne angießen und erneut abschmecken.

5 Schnittlauch waschen, trockenschwenken, in Röllchen schneiden und darüber streuen.

Pro Portion: 1563/374 kJ/kcal
9 g Eiweiß • 14 g Fett
38 g Kohlenhydrate • 11 g Ballaststoffe • 41 mg Cholesterin

Die raffinierte und gelungene Kombination aus Knoblauch, roten Linsen, Apfelwein, Paprika und Äpfeln lässt die Apfelsuppe zu einem kulinarischen Genuss werden.

Tipp der Köchin

Zu diesem Rezept passen die Apfelsorten Cox Orange oder Elstar besonders gut. Ihr feinsäuerliches Aroma harmoniert perfekt mit den übrigen Zutaten.

Raffiniert

Apfel-Curry-Sauce

Für 4 Portionen

1 feinsäuerlicher Apfel,
z. B. Elstar oder Rubinette
1–2 TL Zitronensaft
50 g Crème fraîche oder Joghurt
1–2 TL Currypaste oder -pulver
Salz

10 Minuten

1 Den Apfel waschen, schälen, entkernen und das Fruchtfleisch fein reiben. Mit dem Zitronensaft vermischen.

2 Crème fraîche oder Joghurt zu dem geriebenen Apfel geben und mit Curry und Salz abschmecken.

Pro Portion: 242/58 kJ/kcal
1 g Eiweiß • 4 g Fett
4 g Kohlenhydrate • 1 g Ballaststoffe • 4 mg Cholesterin

Wer die Apfel-Curry-Sauce oder den scharfen Apfel-Meerrettich etwas leichter mag, bevorzuge Joghurt statt Crème fraîche. Dann wird die Sauce allerdings etwas flüssiger.

Tipp der Köchin

Die Apfel-Curry-Sauce passt sehr gut zu Fondue, kurz gebratenem Fleisch oder Scampi.

Curry, eine Gewürzmischung aus vielen verschiedenen Einzelgewürzen, gibt der Speise nicht nur eine scharfe Note, sondern auch eine gelbliche Farbe.

scharf

Apfel-Meerrettich

Für 4 Portionen

1 Stück frischer Meerrettich (etwa 50 g), ersatzweise aus dem Glas
50 g Crème fraîche
1 säuerlicher Apfel
1 TL Zitronensaft
Salz

15 Minuten

1 Die Meerrettichstange waschen, schälen und fein reiben. 2–3 Esslöffel geriebenen Meerrettich mit Crème fraîche verrühren.

2 Den Apfel waschen, schälen, entkernen und das Fruchtfleisch reiben. Mit dem Zitronensaft beträufeln.

3 Crème fraîche und Apfel miteinander vermischen. Mit einer Prise Salz abschmecken.

4 Reichen Sie den scharfen Apfel-Meerrettich zu kaltem Braten, geräuchertem Fisch oder Fondues.

Pro Portion: 242/58 kJ/kcal
1 g Eiweiß • 4 g Fett
4 g Kohlenhydrate
1 g Ballaststoffe
4 mg Cholesterin

süß-sauer

Apfel-Chutney

Für 4 Gläser à 1/4 l

150 g rote Zwiebeln
1 kleine, scharfe Pfefferschote
800 g Äpfel, eine Sorte oder gemischt
125 g Rosinen
200 ml Apfel- oder Rotweinessig
150 g brauner Zucker
2 TL Salz

40 Minuten

1 Gläser mit Schraubdeckel mit kochend heißem Wasser ausspülen und zum Abtropfen auf ein Geschirrtuch stellen.

2 Zwiebeln abziehen, halbieren und in feine Streifen schneiden. Pfefferschote waschen, aufschneiden, die Kerne und Trennwände entfernen und die Schote fein würfeln. (Achtung: danach sofort Hände waschen und die scharfen Inhaltsstoffe der Pfefferschote nicht an die Schleimhäute bringen).

3 Äpfel waschen, schälen und entkernen. Das Fruchtfleisch fein würfeln und mit Zwiebeln, Pfefferschote und Rosinen in einen Topf geben. Essig, Zucker und Salz einrühren und 5 bis 10 Minuten ziehen lassen.

4 Das Gemüse erhitzen und zugedeckt bei mittlerer Hitze etwa 20 Minuten kochen lassen, dabei gelegentlich umrühren.

5 Das Chutney noch heiß in die Gläser füllen, den Rand sauber abwischen, die Deckel aufdrehen und die Gläser mit dem Deckel nach unten auskühlen lassen.

6 Das Apfel-Chutney sofort verzehren oder an einem dunklen, kühlen Ort lagern.

7 Das Apfel-Chutney schmeckt sehr gut zu Kurzgebratenem von Geflügel, Rind oder Schwein.

Pro Glas: 1484/355 kJ/kcal
2 g Eiweiß • 1 g Fett
81 g Kohlenhydrate • 8 g Ballaststoffe • 0 mg Cholesterin

Tipp der Köchin

Die Hälfte der Äpfel können Sie auch durch Kürbis ersetzen. Zusätzlich passt als raffinierte Würzung auch sehr gut fein gehackte Ingwerwurzel.

Apfelmus ist eine beliebte, klassische Beilage zu Schmorbraten oder ganz einfach zu Salzkartoffeln oder Kartoffelbrei: Selbst gemacht schmeckt es am besten. Für 4 Personen: 500 Gramm feinsäuerliche Äpfel, z. B. Gravensteiner oder Boscoop in Stücke schneiden und in einen Topf geben. Etwa 1/4 Liter Wasser oder Apfelsaft dazugeben und mit 1 Prise Zimt und gemahlenenen Nelken würzen. Die Äpfel, je nach Sorte, in 10 bis 20 Minuten weich kochen und durch ein Sieb streichen.

Für diesen fruchtigen Risotto passt der dezent schmeckende Grana Padano-Parmesan. Er ist ein berühmter italienischer Hartkäse, der bis zu drei Jahre reift und nur in den Regionen Parma und Emilia Romagna hergestellt werden darf.

Fruchtig

Risotto mit Äpfeln und Parmesan

Für 4 Portionen

40 g Butter
400 g Risotto-Reis
300 ml Apfel- oder Weißwein
4 Äpfel, rotschalig, fein säuerlich, z. B. Elstar oder Braeburn
Salz
1 Prise Zimt
1 Prise Zucker
100 g milder Parmesan (Grana)

30 Minuten

1 Die Butter aufschäumen lassen. Den Reis darin unter Rühren 3 bis 4 Minuten anschwitzen.

2 Den Wein mit 1/2 Liter heißem Wasser vermischen, nach und nach zu dem Reis gießen und umrühren. Den Risotto zugedeckt bei mittlerer Hitze etwa 15 Minuten leicht kochen lassen.

3 In der Zwischenzeit die Äpfel waschen, das Kerngehäuse ausstechen und in 2 bis 3 Millimeter feine Scheibchen hobeln oder grob raspeln. Einige Scheiben zurückbehalten, die restlichen unter den Risotto geben und gut minteinander vermengen. Risotto mit einer Prise Salz, Zimt und Zucker je nach Geschmack würzen. Den Käse hauchdünn hobeln.

4 Wenn der Reis gar ist, den Topf von der Platte nehmen, evtl. vorhandene Flüssigkeit abgießen und den Käse bis auf einen kleinen Rest hineinreiben. Den Risotto abschmecken.

5 Den Risotto mit den restlichen Apfelscheibchen und dem zurückbehaltenen Käse garnieren und sofort servieren.

Pro Portion: 2634/630 kJ/kcal
17 g Eiweiß • 15 g Fett
91 g Kohlenhydrate • 5 g Ballaststoffe • 37 mg Cholesterin

Risotto

1 *Rohe Reiskörner (z. B. für Milchreis) einige Minuten unter ständigem Rühren anschwitzen.*

2 *Mit dem Wein-Wasser-Gemisch ablöschen und den Reis 15 Minuten kochen lassen.*

3 *Äpfel zugeben und mit Salz, Zimt und Zucker würzen. Mit Käse und Apfelscheiben servieren.*

Deftig

Kartoffel-Kraut-Pfanne

Für 4 Portionen

1 kg Kartoffeln, fest kochend
2 EL Öl, 2 große Zwiebeln
2 feinsäuerliche Äpfel
20 g Butter oder Schmalz
300 g Sauerkraut
Salz, bunter Pfeffer

30 Minuten

1 Kartoffeln waschen, schälen und in 1 Zentimeter große Würfel schneiden. Kartoffelwürfel im heißen Öl zugedeckt etwa 10 Minuten braten.

2 Zwiebeln abziehen, in feine Streifen schneiden und zu den Kartoffelwürfeln geben. 10 Minuten braten, dabei gelegentlich umrühren, bis die Zwiebeln glasig sind.

3 Äpfel waschen, entkernen und das Fruchtfleisch fein würfeln. Äpfel, Butter und Kraut zu den Kartoffeln geben. Mit Salz und Pfeffer würzen. 5 bis 10 Minuten im offenen Topf braten.

Pro Portion: 1551/371 kJ/kcal
8 g Eiweiß • 10 g Fett
56 g Kohlenhydrate • 12 g Ballaststoffe • 12 mg Cholesterin

Risotto wird nach altem italienischem Rezept zum Teil angebraten, zum Teil gedünstet. So behält er seinen knackigen Biss. Der frische Parmesan gibt ihm eine pikante Note.

Cashewkerne schmecken leicht süß und mandelartig. Sie sind neben Para- und Haselnüssen, Mandeln und Rosinen häufig Zutaten des beliebten »Studentenfutters«.

Möhren, Ingwer, Äpfel und Curry harmonieren perfekt und geben dem herzhaften Eintopf eine exotische Note.

Wintergericht

Linsencurry mit Äpfeln

Für 4 Portionen

- 200 g kleine, grüne Linsen
- 1 Zwiebel
- 2 Knoblauchzehen
- 1 Stück frischer Ingwer (4 cm)
- 1 Möhre
- 40 g Butterschmalz oder Öl
- 100 g Reis
- 500 g Äpfel, feinsäuerlich-aromatisch
- Salz
- 2 TL Gemüse- oder Fleischbrühe (Instant)
- 1–2 TL Apfelessig
- 1–2 EL Currypaste oder -pulver
- bunter Pfeffer
- 2 EL Cashewkerne
- 1 TL Butter
- 50 g Kresse

40 Minuten

1 Die Linsen verlesen, waschen, mit 1 Liter kaltem Wasser aufsetzen und zum Kochen bringen.

2 Die Zwiebel abziehen und in Streifen schneiden. Knoblauchzehe abziehen, Ingwer schälen und beides fein würfeln. Möhre waschen, schälen und in dünne Scheiben schneiden.

3 Das Butterschmalz erhitzen. Zwiebelscheiben, Ingwer- und Knoblauchwürfel einige Minuten unter häufigem Rühren glasig dünsten. Möhre und Linsen zugeben und die Masse bei kleiner Hitze zugedeckt etwa 10 Minuten kochen.

4 Den Reis einstreuen und den Eintopf 10 bis 15 Minuten bei mittlerer Hitze kochen lassen.

5 Die Äpfel waschen, entkernen und das Fruchtfleisch würfeln. Wenn die Linsen und der Reis fast weich sind, die Äpfel einrühren und den Eintopf mit Salz, Brühe, Essig, Curry und Pfeffer würzen. Abschmecken und einige Minuten ziehen lassen.

6 Die Cashewkerne in wenig Butter in einer beschichteten Pfanne goldbraun rösten. Die Kresse abspülen und trockenschwenken.

7 Den Eintopf in Suppenterrinen servieren und mit den Cashewkernen und der Kresse bestreuen.

Pro Portion: 1911/457 kJ/kcal
16 g Eiweiß • 14 g Fett
61 g Kohlenhydrate • 12 g Ballaststoffe • 29 mg Cholesterin

Tipp der Köchin

Kresse lässt sich sehr gut auf der Fensterbank das ganze Jahr über selbst ziehen. »Geerntet« wird am besten mit einer Küchenschere.

Knusprig und fruchtig

Apfelküchlein

Für größere Mengen ist es rationeller, die Äpfel fein zu raspeln, in den Teig einzurühren und mehrere kleine Pfannkuchen in der Pfanne zu backen.

Für 4 Portionen

- 3–4 Eier
- 100 ml Milch
- 100 ml Apfelsaft
- 1 Vanillezucker
- 1 Prise Salz
- 250 g Mehl
- 1 Prise Backpulver
- 4 mürbe, reife Äpfel
- 1 EL Zitronensaft
- ÖL oder Butterschmalz zum Braten
- Zucker und Zimt zum Bestreuen

40 Minuten

1 Die Eier trennen und das Eiweiß steif schlagen.

2 Die Eigelbe mit Milch, Apfelsaft, Vanillezucker und Salz verrühren. Das Mehl mit dem Backpulver vermischen, einrühren und alles zu einem glatten Teig verrühren. Den Eischnee mit einem Schneebesen unterziehen.

3 Die Äpfel waschen und schälen. Das Kerngehäuse ausstechen. Die Äpfel in etwa 5 bis 7 Millimeter feine Scheiben schneiden und mit dem Zitronensaft beträufeln, damit sie nicht braun werden.

4 Das Öl in einer flachen Pfanne erhitzen. Die Apfelringe in den Teig tauchen, etwas abtropfen lassen und im heißen Fett von beiden Seiten goldbraun braten.

5 Die Ringe auf einem Küchenpapier abtropfen lassen und mit Zucker und Zimt bestreuen. Sofort servieren.

Pro Portion: 1865/446 kJ/kcal
14 g Eiweiß • 15 g Fett
57 g Kohlenhydrate • 10 g Ballaststoffe • 204 mg Cholesterin

Tipp der Köchin

Servieren Sie zu den knusprigen, fruchtigen Apfelküchlein die Apfel-Zabaione.

Apfelküchlein

1 Die gewaschenen Äpfel mit einem Sparschäler schälen. Kerngehäuse der Äpfel ausstechen.

2 Dünne Scheiben in den Teig tauchen und abtropfen lassen, sonst verbrennen die Teigreste.

3 Zimt und Zucker mischen und Apfelküchlein damit bestreuen. So schmecken sie am besten.

Unkompliziert

Apfel-Zabaione

Für 4 Portionen
- 1/4 l Apfelwein
- 1 Päckchen Vanillezucker
- 1 Prise getrocknete Zitronenschale, ersatzweise 1 Messerspitze unbehandelte, abgeriebene Schale
- 2 EL Zucker
- 1 gestrichener EL Speisestärke
- 1 Ei

10 Minuten

1 Apfelwein mit Vanillezucker, Zitronenschale und Zucker zum Kochen bringen. Speisestärke mit Wasser glatt rühren und einrühren. Sauce unter ständigem Rühren zum Kochen bringen. Wenige Minuten bei kleiner Hitze kochen.

2 Topf von der Kochstelle nehmen. Etwas abkühlen lassen. Mit einem Schneebesen das Ei einrühren. Unter ständigem Rühren bei schwacher Hitze 2 bis 3 Minuten erhitzen, bis die Sauce dickschaumig ist; nicht aufkochen. Sofort beiseite stellen.

Pro Portion: 447/107 kJ/kcal
2 g Eiweiß • 2 g Fett
15 g Kohlenhydrate • 0 g Ballaststoffe • 60 mg Cholesterin

Die Apfelküchlein sind als warmes Dessert sehr beliebt. Zucker und Zimt sind ein Muss für die fruchtigen Ringe.

Apfel-Zabaione, eine leichte und unkomplizierte Variante der beliebten italienischen Eischaumsauce, schmeckt sehr gut zu frischem Apfelgebäck oder zu Früchten und Eis.

Salate süß und pikant

Es muss nicht immer schwer und opulent sein. Die nachfolgenden Salate – ob süß oder pikant – unterstützen die Natürlichkeit der Äpfel. Die meisten sind knackig, saftig und fruchtig und ideal als Vorspeise, Dessert oder vitaminreicher Zwischengang. Der saftige Geflügelsalat jedoch, den Sie auch mit aromatischer Orange oder saftiger Ananas ergänzen können, oder der lauwarme Apfel-Reis-Salat mit knuspriger Hühnerleber werden Sie auch als interessanter Hauptgang faszinieren.

Wer rohen Kohl nicht so gut verträgt, kann den Rotkohl-Apfel-Salat auch mit gekochtem Rotkohl zubereiten. Das Kochwasser vom Rotkohl dabei nicht wegschütten. Es enthält Selen, das sehr vielseitige Aufgaben erfüllt: Es senkt den Blutdruck, hilft bei der Versorgung der Muskeln mit Sauerstoff und bei der Bildung von Schutzstoffen gegen Krankheitserreger und hat eine wichtige Funktion fürs Immunsystem. Das Kochwasser im Kühlschrank aufbewahren und leicht gesalzen trinken.

Gut vorzubereiten

Rotkohl-Apfel-Salat

Für 4 Portionen (Vorspeise)

250 g Rotkohl
Salz
Zucker
100 g Petersilienwurzel
2 Äpfel, feinsäuerlich-aromatisch, z. B. Jonagold oder Cox Orange
1 Banane

Vinaigrette:

1 EL Sherryessig
1 EL Aceto balsamico
2 EL Sonnenblumen- oder Distelöl

20 Minuten

1 Den Rotkohl waschen, putzen, in Viertel teilen und in hauchdünne Streifen hobeln oder schneiden. Mit jeweils 1 Prise Salz und Zucker bestreuen.

2 Die Rotkohlstreifen einige Minuten mit einem Stampfer fest zusammendrücken, damit die Blattstruktur aufgeschlossen wird.

3 Die Petersilienwurzel waschen, schälen und fein raspeln. Die Äpfel waschen, entkernen und das Fruchtfleisch mit der Schale mittelgrob bis fein raspeln.

4 Die Banane schälen und würfeln. Rotkohl, Petersilienwurzel, Äpfel und Banane miteinander vermischen.

5 Für die Vinaigrette Sherryessig und Aceto balsamico mit Salz und Öl verrühren und mit dem Salat vermischen.

6 Der Apfel-Rotkohl-Salat sollte nach Möglichkeit vor dem Verzehr etwas durchziehen. Dann schmeckt er erst richtig gut.

Pro Portion: 543/130 kJ/kcal
2 g Eiweiß • 6 g Fett
16 g Kohlenhydrate • 5 g Ballaststoffe • 0 mg Cholesterin

Rotkohl zubereiten

1 Rotkohl ist reich an Vitamin C, Kalzium und Eisen. Rotkohl zum Dünsten in Viertel schneiden.

2 Rotkohl in feine Streifen schneiden und in Öl andünsten. Mit Wasser ablöschen.

3 Nelken, Lorbeerblatt, Muskat und Rotwein runden den Geschmack ab. Mit Essig bleibt Rotkraut rot.

Vitaminbombe

Rote Bete-Apfel-Salat

Für 4 Portionen
- 2 mittelgroße Rote Beten (etwa 400 g)
- 2 Äpfel, feinsäuerlich-aromatisch
- 2 TL Zitronensaft, 1 EL Apfelessig
- Salz
- 2 EL Sonnenblumenöl
- 50 g Kresse oder Rucola
- 2 EL Pinienkerne

20 Minuten

1 Die Roten Beten waschen, schälen und fein raspeln. Die Äpfel waschen, entkernen und mit der Schale raspeln. Zitronensaft, Essig, Salz und Öl verrühren. Mit den Salatzutaten vermischen.

2 Kresse oder Rucola waschen und trockenschwenken. Die Kresse im Ganzen darüber streuen, den Rucola vorher grob hacken.

3 Die Pinienkerne in einer Pfanne trocken rösten und über den Salat streuen.

Pro Portion: 619/148 kJ/kcal
3 g Eiweiß • 8 g Fett
14 g Kohlenhydrate • 5 g Ballaststoffe • 0 mg Cholesterin

Ein leichter, fruchtiger und knackiger Genuss ist der Rote Bete-Apfel-Salat. Frisches Baguette dazu reichen.

Ein fein geraspelter Apfel verfeinert jeden Blatt- oder Mischsalat und liefert gleichzeitig eine fruchtige Süße.

Tomaten, eines der vielseitigsten Gemüse, liefern wertvolle Zellschutzstoffe und große Mengen an Biotin, das für schöne Haut, Haare und Nägel verantwortlich ist. Das enthaltene Zink ist wichtig bei der Hormonbildung und für das Bindegewebe.

Der Paprika-Apfel-Salat verführt nicht nur optisch. Die knackigen Äpfel mit den zarten Paprikaschoten sind ideal als Partysalat zum Mitnehmen oder als kleine Vorspeise.

Ideal zum Mitnehmen

Paprika-Apfel-Salat

Für 4 Portionen
2 rote Paprikaschoten
1 kleine, milde Zwiebel
1 Fleischtomate
2 Äpfel, feinsäuerlich, saftig, z. B. Boskoop
Vinaigrette:
2 EL Zitronensaft
1 EL Apfelessig
4 EL Olivenöl
1 Bund Schnittlauch
Salz, Pfeffer

30 Minuten

1 Den Backofen auf Grillstufe oder auf 220 °C (Umluft 200 °C, Gas Stufe 4) vorheizen.

2 Die Paprikaschoten waschen, längs vierteln, die Kerne und die Trennwände entfernen.

3 Die Schotenstücke mit der Hautseite nach oben auf ein Backblech legen. Das Backblech in den vorgeheizten Backofen schieben (mittlere Schiene) und die Paprikastücke 20 bis 25 Minuten backen, bis die Haut dunkel wird.

4 In der Zwischenzeit die Zwiebel abziehen und fein würfeln. Die Tomate waschen und würfeln, dabei den grünen Stielansatz entfernen.

5 Die Äpfel waschen, entkernen und das Fruchtfleisch in kleine Würfel oder feine Stifte schneiden. Zwiebel, Tomate und Apfel in eine Schüssel geben.

6 Für die Vinaigrette Zitronensaft, Apfelessig und Olivenöl miteinander verrühren und unter die Zwiebel-Tomate-Apfel-Mischung geben.

7 Wenn die Paprikaschoten weich sind, das Blech herausnehmen, ein nasses Geschirrtuch auf das Gemüse legen und die Schoten 3 bis 5 Minuten auskühlen lassen.

8 Die Paprikastücke nacheinander unter dem Tuch hervorholen, sofort häuten, in Streifen schneiden und zu den anderen Gemüsen geben. Alle Zutaten miteinander vermischen.

9 Den Schnittlauch waschen, trockenschwenken und in feine Röllchen schneiden.

10 Den Salat mit Salz und Pfeffer würzen und den Schnittlauch darüber streuen. Mit frischem Baguette servieren.

Pro Portion: 685/164 kJ/kcal
2 g Eiweiß • 11 g Fett
13 g Kohlenhydrate • 5 g Ballaststoffe • 0 mg Cholesterin

Tipp der Köchin

Dieser Salat kann gut ein bis zwei Tage aufbewahrt werden, ist also ideal zum Mitnehmen oder für Büffets.

Party-Klassiker

Apfel-Möhren-Sellerie-Salat mit Walnüssen

Sellerie zeichnet sich durch seinen hohen Anteil ätherischer Öle aus. Diese schützen ihn während des Wachstums vor Bakterien und Pilzen. Auch im menschlichen Körper wirken sie als Schutz vor Entzündungen und Pilzen.

Für 4 Portionen

2 Äpfel, feinsäuerlich, z. B. Gravensteiner oder Alkmene
3–4 EL Zitronensaft
250 g Sellerieknolle
250 g Möhren
1 Becher Joghurt
2 EL kaltgepresstes Öl
1 Stück frischer Ingwer (1–2 cm)
Salz, Pfeffer
50 g Haselnuss- oder Walnusskerne
50 g Kresse

30 Minuten

1 Die Äpfel waschen, entkernen und das Fruchtfleisch in feine Streifen schneiden oder raspeln. Sofort in einer Schüssel mit dem Zitronensaft vermischen.

2 Sellerie und Möhren waschen, mit einem Sparschäler dünn schälen, fein reiben und zu den Äpfeln geben. Joghurt und kaltgepresstes Öl untermischen.

3 Den Ingwer dünn schälen und sehr fein hacken. Den Salat mit Ingwer, Salz und Pfeffer nach Belieben würzen.

4 Die Hasel- oder Walnüsse auf einem großen Brett grob hacken und untermischen. Die Kresse waschen, trockenschwenken und über den Salat streuen.

Pro Portion: 711/170 kJ/kcal
5 g Eiweiß • 9 g Fett
14 g Kohlenhydrate • 6 g Ballaststoffe • 5 mg Cholesterin

Tipp der Köchin

Anstelle der Möhren können Sie auch Petersilienwurzeln verwenden. Den Joghurt können Sie durch Schmand oder Crème fraîche ersetzen.

Varianten: Käse- oder Schinkenröllchen

1 *Setzen Sie etwas Apfel-Möhren-Sellerie-Salat auf dünne Käse- oder Schinkenscheiben.*

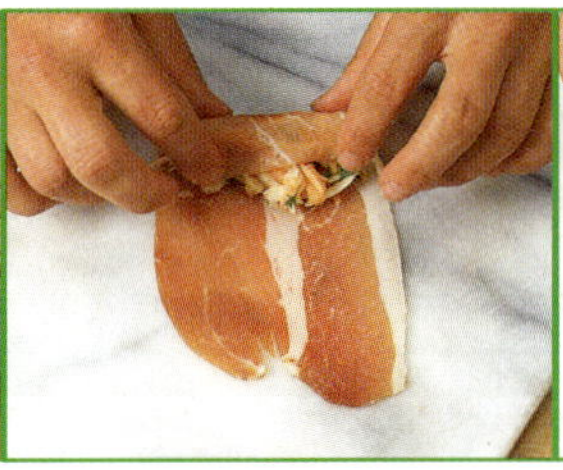

2 *Rollen Sie den Apfel-Möhren-Sellerie-Salat in die Käse- oder Schinkenscheiben fest ein.*

3 *Die Röllchen mit einem dünnen Hölzchen feststecken und Salate oder kalte Platten damit dekorieren.*

Gut vorzubereiten

Sauerkrautsalat mit Äpfeln

Für 4 Portionen

400 g frisches Sauerkraut
2 rotschalige Äpfel, 1 Möhre
1 kleine, grüne Paprikaschote
2–3 Lauchzwiebeln
2 EL Zitronensaft
1 TL Apfeldicksaft oder Honig
2 TL Sojasauce
4 EL Sonnenblumenöl, Salz

30 Minuten

1 Sauerkraut grob hacken und mit einer Gabel auflockern.

2 Äpfel waschen, entkernen und das Fruchtfleisch in feine Stifte schneiden. Möhre waschen, schälen und in feine Streifen schneiden. Die Paprikaschote waschen, halbieren, Trennwände und Kerne entfernen und die Schote fein würfeln.

3 Lauchzwiebeln putzen, waschen und fein schneiden. Alles mit dem Kraut vermischen. Mit den restlichen Zutaten den Salat anmachen und abschmecken.

Pro Portion: 702/168 kJ/kcal
3 g Eiweiß • 11 g Fett
12 g Kohlenhydrate • 6 g Ballaststoffe • 0 mg Cholesterin

Mit Nüssen und Kresse bestreut, bekommt der Apfel-Möhren-Sellerie-Salat eine unverwechselbare Note. Wer hätte gedacht, dass Gesundes so vorzuglich schmecken kann.

Verwenden Sie für rohe Salate kaltgepresste Öle. Sie enthalten viele wertvolle, ungesättigte Fettsäuren.

Leichte Vorspeise

Heringssalat mit Äpfeln

In diesen Salat passen sehr gut Boskoop oder Rubinette. Am besten reichen Sie kräftiges Vollkornbrot oder Pellkartoffeln dazu.

Für 4 Portionen

4 Matjesfilets
2 Äpfel, säuerlich oder feinsäuerlich
1 EL Zitronensaft
125 g Joghurt
50 g Crème fraîche
1 Stange Staudensellerie
2 Essiggurken
2–3 Lauchzwiebeln
2 EL Apfelessig
Salz
frisch gemahlener bunter Pfeffer
1 TL Senf
1 Bund Schnittlauch

30 Minuten

1 Die Matjesfilets waschen, auf Küchenpapier abtropfen lassen und in mundgroße Stücke schneiden. In eine Schüssel geben.

2 Die Äpfel waschen, entkernen und das Fruchtfleisch in feine Stifte schneiden. Die Apfelstifte mit Zitronensaft, Joghurt, Crème fraîche und den Matjesstückchen vermischen.

3 Staudensellerie waschen und putzen. Sellerie und Essiggurken sehr fein schneiden.

4 Die Lauchzwiebeln waschen, putzen und in feine Ringe schneiden. Die Zwiebelringe und die geschnittenen Sellerie- und Gurkenstückchen zu den Matjes geben. Mit Essig, Salz, Pfeffer und Senf nach Belieben würzen.

5 Den Schnittlauch waschen, trockenschwenken und in feine Röllchen schneiden. Einige Röllchen zurückbehalten. Schnittlauch unter den Salat mischen, restlichen darüber streuen und servieren.

Pro Portion: 1100/263 kJ/kcal
22 g Eiweiß • 12 g Fett
11 g Kohlenhydrate • 3 g Ballaststoffe • 22 mg Cholesterin

Staudensellerie, auch Bleich- oder Stangensellerie genannt, hat einen milderen Geschmack als Knollensellerie.

Tipp der Köchin

Sie können den Heringssalat mit folgenden Zutaten variieren:
- mit fein geraspelten Roten Beten
- zusätzlich mit 1 Esslöffel Currypaste oder Currypulver würzen
- zusätzlich zum Matjes noch einige Shrimps untermischen
- 2 bis 4 gekochte, fein geschnittene Kartoffeln zusammen mit 1 bis 2 Teelöffeln Essig mischen

Fruchtig

Chicorée-Apfel-Salat

Für 4 Portionen
500 g Chicoréestauden
2 Äpfel, feinsäuerlich, rotschalig
2 Mandarinen
1 EL Zitronensaft, frisch gepresst
100 g Crème fraîche
1/2 Tasse Apfelsaft oder Cidre
Salz, 50 g Kresse
50 g Walnusskerne

15 Minuten

1 Chicoréestauden mit der Spitze nach oben unter fließendem Wasser waschen, längs halbieren. Den Strunk herausschneiden. Chicorée in Streifen schneiden. Äpfel in Scheiben schneiden. Mandarinen schälen und zerteilen. Früchte zum Chicoréesalat geben.

2 Zitronensaft, Crème fraîche, Apfelsaft und Salz über den Salat geben. Kresse waschen, trockenschwenken. Nüsse hacken, mit der Hälfte der Kresse untermischen, restliche Kresse darüber streuen.

Pro Portion: 853/204 kJ/kcal
5 g Eiweiß • 11 g Fett
19 g Kohlenhydrate • 6 g Ballaststoffe • 7 mg Cholesterin

Ob als leichte Vorspeise, Snack zu Bier oder knackiges Hauptgericht mit Pellkartoffeln – der Heringssalat mit Äpfeln wird zu jedem Anlass überzeugen.

Die Äpfel und Mandarinen nehmen etwas von dem leicht bitteren Geschmack des Chicorées weg. Chicorée wirkt positiv bei Verdauungs- und Darmbeschwerden.

schön bunt

Geflügelsalat mit Äpfeln und Feldsalat

Senf wird aus gemahlenen schwarzen oder weißen Senfkörnern hergestellt und mit Essig, Weinmost, Pfeffer, Nelken, Zimt, Zucker, Meerrettich und Salz gewürzt. Peffer bzw. Cayennepfeffer sind für seine Schärfe verantwortlich.

Der Geflügelsalat mit Äpfeln und Feldsalat verträgt durchaus eine kräftige Prise bunten Pfeffer.

Für 4 Portionen

50 g Feldsalat
50 g Kresse
1/2 gebratenes Hähnchen oder
250 g Hühnerbrustfilet
2 Äpfel, feinsäuerlich, rotschalig, z. B. Jonagold
1/4 Salatgurke
1 kleine, rote Paprikaschote
100 g Erbsen (tiefgekühlt)
2 EL Zitronensaft

Vinaigrette:

1–2 EL Apfelessig
100 g Joghurt, 2 TL Senf
2 EL kaltgepresstes Öl
Salz, bunter Pfeffer
Öl zum Braten

35 Minuten

1 Feldsalat und Kresse waschen, putzen und abtropfen lassen.

2 Das Brathähnchen zerteilen und das Fleisch in Würfel schneiden, oder das Hühnerbrustfilet in 2 Esslöffeln Öl von beiden Seiten 5 bis 10 Minuten anbraten. Abkühlen lassen und würfeln.

3 Die Äpfel waschen, entkernen und das Fruchtfleisch vierteln. Die Hälfte der Äpfel in Scheiben schneiden. Die restlichen Äpfel in die Schüssel raspeln.

4 Die Gurke waschen, wenn nötig schälen und ebenfalls raspeln. Die Paprikaschote waschen, halbieren, Trennwände und Kerne entfernen und die Schote fein würfeln.

5 Alle Zutaten außer Feldsalat und Kresse mit den Erbsen und dem Zitronensaft in eine Schüssel geben.

6 Apfelessig mit Joghurt, Senf, Öl, Salz und Pfeffer verrühren und mit den Salatzutaten vermischen.

7 Den Feldsalat kurz vor dem Servieren untermischen oder die Feldsalatrosetten auf den Tellern verteilen und den Salat darauf setzen. Die Kresse darüber streuen.

Pro Portion: 895/214 kJ/kcal
19 g Eiweiß • 7 g Fett
14 g Kohlenhydrate • 5 g Ballaststoffe • 41 mg Cholesterin

Tipp der Köchin

Wenn Sie es noch fruchtiger mögen, kombinieren Sie den Salat zusätzlich mit Orange oder Ananas.

Gelingt leicht

Käsesalat mit Apfel und Gurke

Kaltgepresste Öle entstehen bei der ersten Pressung der Früchte, Nüsse oder Samen. Sie sind häufig sehr intensiv im Geschmack und sollten, werden sie zum erstenmal verwendet, zunächst nur sparsam verwendet werden.

Zitronenmelisse hat ein feines, zitronenartiges Aroma und kann als Garnitur auch mitgegessen werden.

Für 4 Portionen
200 g mittelfetter Schnittkäse, z. B. Emmentaler oder Gouda
2 Äpfel, feinsäuerlich-aromatisch
200 g Gurke oder Melone
100 g blaue Trauben
Dressing:
1 EL Zitronensaft
1 EL Apfelessig
100 g Buttermilch oder Joghurt
2 EL kaltgepresstes Öl
1 EL Kürbiskernöl
Salz, bunter Pfeffer
Garnitur:
einige rote Früchte, wie z. B. Erdbeeren
1 Hand voll Zitronenmelisseblätter

20 Minuten

1 Den Käse nach Belieben in Streifen oder kleine Würfel schneiden. Die Äpfel waschen, entkernen und das Fruchtfleisch in feine Stifte schneiden.

2 Gurke oder Melone waschen, schälen und würfeln. Die Melone zuvor entkernen. Die Trauben waschen und halbieren, nach Belieben die Kerne entfernen. Käse, Äpfel, Gurke oder Melone und Trauben in einer Schüssel vermischen.

3 Für das Dressing den Zitronensaft mit dem Essig, der Buttermilch oder dem Joghurt, den beiden Ölsorten, Salz und Pfeffer verrühren und unter die Salatzutaten mischen.

4 Die Früchte für die Garnitur waschen und je nach Sorte klein schneiden. Die Blätter der Zitronenmelisse waschen und trockenschwenken.

5 Den Käsesalat mit Apfel und Gurke in Salatschälchen anrichten und mit den roten Früchten und der Zitronenmelisse garnieren.

6 Am besten passt frisches Baguette zum Käsesalat.

Pro Portion: 1463/350 kJ/kcal
16 g Eiweiß • 23 g Fett
5 g Kohlenhydrate • 3 g Ballaststoffe • 47 mg Cholesterin

Tipp der Köchin

Zitronenmelisse duftet intensiv nach Zitrone, aber ihre Blätter schmecken auch ein wenig salzig, süß und bitter. Nicht nur als Dekoration macht sie sich gut. Zitronenmelisse harmoniert geschmacklich perfekt zu Salaten aller Art, Kräuterbutter und Kräutersaucen. Am besten verwendet man sie roh.

Vitaminreich

Petersilienwurzelsalat mit Äpfeln und Nüssen

Für 4 Portionen

250 g Petersilienwurzeln
2 Äpfel, saftig, feinsäuerlich
2 EL Crème fraîche
1 Becher Joghurt
1–2 EL Zitronensaft
1 EL Apfelessig
Salz, Pfeffer
4 Zweige Petersilie
1 Bund Schnittlauch
50 g Walnusskerne

30 Minuten

1 Die Petersilienwurzeln waschen, putzen und fein raspeln. Die Äpfel waschen, entkernen und das Fruchtfleisch in feine Scheiben schneiden.

2 Crème fraîche, Joghurt, Zitronensaft, Essig, Salz und Pfeffer verrühren und mit den Zutaten vermischen. Petersilie und Schnittlauch waschen, trockenschwenken, fein hacken und dazugeben. Die Nüsse grob hacken, untermischen und den Salat abschmecken.

Pro Portion: 543/130 kJ/kcal
5 g Eiweiß • 7 g Fett
10 g Kohlenhydrate • 4 g Ballaststoffe • 7 mg Cholesterin

Blaue Trauben, rote Erdbeeren, grüne Gurken, gelblicher Käse und rotschalige Äpfel – der leichte Käsesalat ist auch ein hübsches Farbenspiel.

Walnüsse und alle anderen Nüsse und Mandeln sind sehr fetthaltig. Das macht sie zwar kalorienreich, jedoch liefern sie große Mengen wertvoller, ungesättigter Fettsäuren.

Zum lauwarmen Apfel-Reis-Salat passen auch gut einige Salatblätter und knuspriges Baguette. Falls Sie keine Hühnerleber bekommen, können Sie auch gebratene Putenstreifen, die Sie zuvor in Sojasauce einlegen, über den Salat geben.

Das Aroma des frischen Ingwers sowie des Aceto balsamico unterstreichen perfekt den Geschmack der gebratenen Hühnerleber mit Äpfeln. Lauwarm serviert schmeckt der Apfel-Reis-Salat am besten.

schnell und raffiniert

Lauwarmer Apfel-Reis-Salat

Für 4 Portionen

- 200 g Basmatireis oder Langkornreis
- 1 Stück frischer Ingwer (4 cm)
- 2 Äpfel, feinsäuerlich-aromatisch
- 40 g Butter
- Salz
- 50 g Kresse
- 4 kleine Hühnerlebern (etwa 200 g)
- frisch gemahlener bunter Pfeffer
- 2 EL Öl
- 1 TL Aceto balsamico
- 1 Tasse Apfelwein oder Cidre

30 Minuten

1 Den Reis in einen Topf geben und so lange mit kaltem Wasser durchspülen, bis das Wasser klar bleibt. So viel Wasser zugießen, dass es etwa 1 Zentimeter über dem Reis steht.

2 Das Wasser mit dem Reis zum Kochen bringen, Deckel auflegen und die Kochstelle ausschalten. Den Reis in 10 bis 15 Minuten ausquellen lassen.

3 Den Ingwer schälen und fein würfeln. Die Äpfel waschen, schälen, entkernen und das Fruchtfleisch in dünne Scheiben schneiden.

4 Die Butter erhitzen und den Ingwer 1 bis 2 Minuten unter Rühren anbraten. Die Äpfel zugeben und 3 bis 4 Minuten dünsten. Den gekochten Reis untermischen. Mit wenig Salz würzen.

5 Die Kresse waschen, trockenschwenken und locker auf Portionstellern verteilen. Den Reis portionsweise darauf setzen.

6 Die Hühnerleber waschen und auf einem Küchenpapier abtropfen lassen. Mit Salz und Pfeffer würzen.

7 Das Öl erhitzen und die Leber von beiden Seiten 2 bis 3 Minuten anbraten. Mit Essig und Apfelwein ablöschen.

8 Die Leber in Scheiben oder Würfel schneiden und auf dem Reis verteilen. Die Bratensauce über den Salat träufeln.

9 Den Apfel-Reis-Salat sofort lauwarm servieren.

Pro Portion: 1793/429 kJ/kcal
15 g Eiweiß • 17 g Fett
46 g Kohlenhydrate • 3 g Ballaststoffe • 274 mg Cholesterin

Tipp der Köchin

Noch schneller geht es, wenn Sie vorgekochten Reis im Kühlschrank haben. Sie brauchen für das Rezept 400 g gekochten Reis.

Fleisch und Fisch

Vielseitige und farbenfrohe Rezepte rund um Ente, Kaninchen und Zander werden Sie auf den nächsten Seiten entdecken. Schlemmen Sie und verwöhnen Sie sich mit kurz gebratenen Medaillons in Calvados aus der Normandie, knusprigen Leberscheiben mit Zwiebeln und Apfelringen, oder gönnen Sie sich einen Hauch von Exotik mit bunten Fischspießen in Apfelsauce.

Braucht etwas Zeit

Hähnchen in Apfelweinsauce

Für 6 Portionen

1 Brathähnchen
Salz, 1 Prise Cayennepfeffer
1 Prise Curry, 1 EL Mehl
2 EL Öl
2 Zwiebeln, 1 Knoblauchzehe
1 Stück frischer Ingwer (2 cm)
1 unbehandelte Zitrone
1/4 l Apfelwein
1 Stange Porree
2 rote Äpfel
2 EL entkernte schwarze Oliven
1 EL Kapern
1 Bund glatte Petersilie

60 Minuten

1 Das Hähnchen waschen, zerlegen und trockentupfen. Salz, Pfeffer und Curry mit dem Mehl vermischen und die Hähnchenteile damit einreiben. Öl erhitzen und das Geflügel von allen Seiten kräftig anbraten.

2 Zwiebeln und Knoblauch abziehen und würfeln. Ingwer schälen und fein schneiden. Zitrone heiß abwaschen, die Hälfte der Schale dünn abschälen und hacken.

3 Zwiebeln, Knoblauch, Ingwer und Zitrone zu dem Hähnchen geben und anbraten. Mit dem Apfelwein ablöschen und zugedeckt 30 Minuten schmoren lassen.

4 Porree putzen, längs durchschneiden, waschen und klein schneiden. Die Äpfel waschen, schälen und das Fruchtfleisch würfeln. Porree, Äpfel, Oliven und Kapern zum Hähnchen geben und 5 Minuten mitschmoren lassen.

5 Die Petersilie waschen, trockenschwenken, fein hacken und einrühren. Die Sauce abschmecken.

Pro Portion: 1919/459 kJ/kcal
33 g Eiweiß • 26 g Fett
12 g Kohlenhydrate • 4 g Ballaststoffe • 125 mg Cholesterin

Tipp der Köchin

Anstelle des ganzen Hähnchens können Sie das Rezept auch mit Hähnchenkeulen oder mit Ententeilen zubereiten.

Hähnchen tranchieren

1 Zunächst das Fleisch zwischen Brust und Schenkel, danach das Gelenk durchtrennen.

2 Bei den Flügeln ebenso vorgehen: Das Fleisch am Rumpf einschneiden und das Gelenk abtrennen.

3 Am Brustbein entlang längs durchschneiden. Entlang des Rückgrats ebenfalls durchtrennen.

schnell und raffiniert

Medaillons in Calvados

Für 4 Portionen

4 feinsäuerliche Äpfel, 20 g Butter
4 Scheiben Rinder- oder Kalbsfilet
Salz, Pfeffer
20 g Butterschmalz
100–150 ml Calvados
200 g Sahne
1 TL Brühe (Instant), 25 g Kresse

30 Minuten

1 Äpfel achteln und in der heißen Butter weich dünsten. Zugedeckt im Backofen bei 50 °C warm stellen.

2 Steaks würzen und im Butterschmalz 4 bis 6 Minuten von beiden Seiten goldbraun anbraten. Mit Calvados übergießen und flambieren. Das Fleisch auf die Äpfel geben. Bratenfond mit Sahne ablöschen und vom Pfannenboden lösen. Mit Salz, Pfeffer und Brühe abschmecken.

3 Kresse waschen, trockenschwenken und auf Portionstellern verteilen. Fleisch, Äpfel und Sauce darauf anrichten.

Pro Portion: 1819/435 kJ/kcal
8 g Eiweiß • 27 g Fett
14 g Kohlenhydrate • 3 g Ballaststoffe • 99 mg Cholesterin

Die Medaillons in Calvados sollten innen noch einen rosaroten Kern haben. Dann sind sie besonders zart und saftig. Flambiert mit Calvados sind sie ein Genuss zu den in Butter gedünsteten Äpfeln.

Ein Rezept aus der Normandie, mit dem Sie schnell und ohne großen Aufwand ein raffiniertes Menü zubereiten können.

schnell zubereitet

Schweinefilet mit Schalotten-Apfel-Sauce

Currypulver ist kein eigenes Gewürz, sondern eine aus Indien stammende Mischung aus vielen verschiedenen Gewürzen. Üblicherweise sorgen Cayennepfeffer, Gewürznelken, Ingwer, Kardamom, Koriander, Kurkuma, Kreuzkümmel, Macis, Muskatnuss, Paprika, Piment und Zimt für das typische »Curryaroma«.

Für 4 Portionen

500 g kleine Schalotten
250 g Petersilienwurzeln
4 EL Öl
1 EL Rosinen
4 feinsäuerliche Äpfel
800 g Schweinefilet
1 unbehandelte Zitrone
1 Stück frischer Ingwer (4 cm)
2 EL Butterschmalz
1/4 TL Fenchelsamen
1/4 l Apfelwein, ersatzweise Weißwein oder Sekt
Salz
2 gestrichene TL Currypulver
1 Bund Petersilie

30 Minuten

1 Die Schalotten schälen und größere längs halbieren. Die Petersilienwurzeln waschen, dünn schälen und fein würfeln.

2 Das Öl erhitzen und die Schalotten unter Rühren anbraten. Petersilienwurzeln und Rosinen zugeben und das Gemüse zugedeckt etwa 10 Minuten bei mittlerer Hitze schmoren lassen. Eventuell etwas Wasser angießen.

3 Äpfel waschen, nach Belieben schälen, entkernen und das Fruchtfleisch fein würfeln. Apfelwürfel zu den Zwiebeln geben und 5 bis 7 Minuten schmoren lassen.

Das Schweinefilet mit Schalotten-Apfel-Sauce ist eine köstliche Kombination aus Fleisch und Gemüse. Rosinen und Äpfel geben dem Gericht eine pikante, süßliche Note.

4 Das Schweinefilet in fingerdicke Scheiben schneiden. Die Zitrone heiß abwaschen und die Hälfte der Schale dünn abreiben. Den Ingwer waschen, schälen und sehr fein würfeln.

5 In einer zweiten Pfanne das Butterschmalz erhitzen, Zitronenschale, Ingwer und Fenchel zugeben und die Fleischscheiben darin von beiden Seiten anbraten. Mit Wein oder Sekt ablöschen und dabei den Bratensatz lösen.

6 Das Fleisch mit dem Fond zu dem Gemüse geben. Mit Salz und Curry würzen und abschmecken.

7 Die Petersilie waschen, trockenschwenken und fein hacken. Die Schweinefilets mit dem Gemüse und der Petersilie bestreut servieren.

8 Dazu passt am besten frisches, knuspriges Baguette.

Pro Portion: 2859/684 kJ/kcal
46 g Eiweiß • 32 g Fett
37 g Kohlenhydrate • 6 g Ballaststoffe • 151 mg Cholesterin

Tipp der Köchin

Ingwer mit seinem zitronigen, scharfen Geschmack passt sehr gut zu Äpfeln, Kürbis, Gemüse und Fleisch und ist gut für den Magen. Bevorzugen Sie die frische Ingwerwurzel, da sie das beste Aroma und wertvolle Inhaltsstoffe hat.

Gelingt leicht

Leber mit Äpfeln und Erbsen

Für tiefgekühlte Ware wird Gemüse unmittelbar nach der Ernte mit schonenden Verfahren tiefgefroren. Somit bleibt eine große Menge der ursprünglich vorhandenen Vitamine erhalten.

Für 4 Portionen

2 Zwiebeln
2 Scheiben durchwachsener Speck
2 EL Öl
1 Tasse grüne Erbsen (TK)
2 Äpfel, säuerlich-aromatisch
1 EL Zitronensaft
4 Scheiben Kalbs- oder Rinderleber
2 EL Mehl
Salz, Pfeffer
20 g Butter
1/8 l Apfelwein

30 Minuten

1 Die Zwiebeln abziehen und in etwas dickere Ringe schneiden. Den Speck würfeln. Die Hälfte des Öls mit dem Speck in einer Pfanne erhitzen und die Zwiebelringe darin bei mittlerer Hitze goldbraun braten. Die Erbsen zugeben und 1 bis 2 Minuten bei schwacher Hitze mitdünsten.

Tiefgekühlte Erbsen lassen sich einige Monate lagern und beim Zubereiten der Speisen sehr gut portionieren.

2 Die Äpfel waschen, schälen, das Kerngehäuse herausstechen und das Fruchtfleisch in 1 Zentimeter dicke Scheiben schneiden. Mit dem Zitronensaft beträufeln.

3 Die Leberscheiben unter fließendem Wasser waschen, mit Küchenpapier abtrocknen und in dem Mehl wenden.

4 Die Zwiebeln auf einen Teller geben und warm stellen. Das restliche Öl in die Pfanne geben und die Leberscheiben auf beiden Seiten 3 bis 4 Minuten braten. Beiseite stellen und mit Salz und Pfeffer würzen.

5 Die Butter erhitzen und die Apfelringe 4 bis 5 Minuten anbraten, bis sie weich werden, aber möglichst nicht zerfallen.

6 Die Leberscheiben mit Zwiebeln und Apfelringen anrichten. Den Bratensatz mit dem Apfelwein lösen, kurz aufkochen lassen und angießen.

7 Dazu reichen Sie am besten Kartoffelpüree.

Pro Portion: 2061/493 kJ/kcal
32 g Eiweiß • 22 g Fett
30 g Kohlenhydrate • 8 g Ballaststoffe • 471 mg Cholesterin

Tipp der Köchin

Wenn Sie keinen Apfelwein zur Hand haben, ersetzen Sie ihn einfach durch 1 Esslöffel Apfelessig mit 1/8 Liter Wasser vermischt.

Ungarisch

Szegediner Gulasch

Für 4 Portionen

500–600 g Gulasch
4 EL Öl, 2 große Zwiebeln
2 Knoblauchzehen
8 Wacholderbeeren
1/4 l Apfelwein
2 Äpfel, 350 g Sauerkraut
Salz, bunter Pfeffer
3 EL gehackte Petersilie

60 Minuten

1 Das Fleisch 4 bis 5 Minuten goldbraun anbraten. Zwiebeln und Knoblauch klein hacken, zum Fleisch geben und anbraten. Mit wenig Wasser ablöschen. Wacholderbeeren zerdrücken und zugeben.

2 Wein aufgießen, Bratensatz lösen und den Gulasch bei kleiner Hitze etwa 40 Minuten schmoren lassen. Äpfel waschen, schälen, entkernen und das Fruchtfleisch würfeln. Kraut und Äpfel zugeben. 5 bis 10 Minuten schmoren. Salzen und pfeffern. Petersilie zugeben.

Pro Portion: 2212/529 kJ/kcal
34 g Eiweiß • 30 g Fett
16 g Kohlenhydrate • 7 g Ballaststoffe • 90 mg Cholesterin

Leber, Äpfel, Erbsen, Zwiebeln und Speck – köstlich kombiniert. Das Kurzgebratene ist schnell zubereitet und stets beliebt.

Tipp der Köchin

Zu dem Gulasch schmecken am besten ein cremiger Kartoffelbrei oder Salzkartoffeln.

Wild und würzig

Kaninchen mit Äpfeln

Für 6 Portionen

1 Kaninchen, in Portionsstücke zerlegt
2 Zwiebeln
1 Knoblauchzehe
1 unbehandelte Zitrone
2 EL Mehl
Salz
frisch gemahlener bunter Pfeffer
1 Prise Cayennepfeffer
4 EL Butterschmalz oder Öl
300 – 400 ml Apfelwein, ersatzweise Cidre oder Weißwein
100 g Trockenpflaumen
4 Salbeiblätter
2 Rosmarinzweige
2 Äpfel, feinsäuerlich-aromatisch
4 Zweige glatte Petersilie
1 TL Bühe (Instant)
1 Briefchen Safran

70 Minuten

1 Die Kaninchenteile abspülen, dabei mögliche Knochensplitter entfernen und die Stücke mit Küchenpapier trockentupfen.

2 Zwiebeln und Knoblauch abziehen und fein würfeln. Zitrone heiß abwaschen, die Schale abreiben und fein hacken. Mehl mit Salz, Pfeffer und Cayennepfeffer mischen. Die Fleischstücke in dem gewürzten Mehl wenden.

3 Butterschmalz erhitzen und die Kaninchenteile darin anbraten. Zwiebeln, Knoblauch und Zitrone zugeben und einige Minuten anbraten. Wenn sich ein dunkler Bratensatz bildet, diesen mit dem Apfelwein ablöschen und lösen. Die Pflaumen zugeben.

4 Salbei und Rosmarin waschen, trockenschwenken, fein hacken und zugeben. Das Fleisch bei kleinster Hitze etwa 40 Minuten schmoren lassen, dabei einmal wenden. Rückenteile nach etwa 15 Minuten herausnehmen und zugedeckt beiseite stellen, da sie schneller gar sind.

5 Äpfel waschen, entkernen, das Fruchtfleisch fein würfeln und zugeben. 5 bis 10 Minuten vor Ende der Garzeit zugeben und garen lassen. Die Rückenteile ebenfalls zugeben und etwas ziehen lassen.

6 Die Petersilie waschen, trockenschwenken, fein hacken und in die Sauce rühren. Mit der Brühe und dem Safran würzen und abschmecken.

Pro Portion: 1605/384 kJ/kcal
23 g Eiweiß • 18 g Fett
21 g Kohlenhydrate • 4 g Ballaststoffe • 100 mg Cholesterin

Tipp der Köchin

Pflaumen, Äpfel und Aprikosen werden neben den klassischen Vertretern Rosinen und Sultaninen ebenfalls gerne als Trockenfrüchte verzehrt. Ihr Gehalt an Ballaststoffen ist sehr hoch, was sie auch als »Verdauungshelfer« bekannt und beliebt macht.

Gut vorzubereiten

Apfelschmalz

Für 3 Gläser à 150 g

500 g Flomen, 2 Zwiebeln
1 säuerlicher, aromatischer Apfel
Salz, Pfeffer
1 Prise Majoran

40 Minuten

1 Flomen fein würfeln und bei schwacher Hitze auslassen, bis die Grieben braun werden.

2 Zwiebeln abziehen und würfeln. Den Apfel waschen, schälen, entkernen und das Fruchtfleisch in feine Scheiben schneiden.

3 Wenn die Speckwürfel ausgelassen sind, Zwiebeln und Apfel zugeben und unter gelegentlichem Rühren in 15 Minuten goldbraun braten.

4 Das Schmalz mit Salz, Pfeffer und Majoran würzen. Noch flüssig in Gläser oder Steinguttöpfchen gießen und abkühlen lassen. Mit Deckel oder Folie verschließen.

Pro Glas: 5619/1344 kJ/kcal
6 g Eiweiß • 134 g Fett
10 g Kohlenhydrate • 4 g Ballaststoffe • 103 mg Cholesterin

Das Kaninchen mit Äpfeln schmeckt besonders gut mit frischen Salbeiblättern und Rosmarinzweigen.

Flomen ist fetter Schweinebauch und wird gerne zum Auslassen für Schmalz verwendet.

Bunt und sahnig

Putencurry mit Zucchini

Variante: Anstelle der Zucchini passen auch Gurke, Fenchel oder Brokkoli. Das Putenfleisch können Sie durch Hähnchenfleisch ersetzen.

Leuchtende Farbe und Vitamine bleiben weitgehend erhalten, wenn das Gemüse im Putencurry nicht weich gekocht wird, sondern beim Servieren noch Biss hat.

Für 4 Portionen

400 g Putenschnitzel
2 rote Paprikaschoten
250 g Zucchini
2 große Zwiebeln
4 EL Öl
1/4 l Apfelwein
100 g Sahne
400 g Äpfel, feinsäuerlich-aromatisch
300 g tiefgekühlte Zuckerschoten (ersatzweise Erbsen)
Salz
Pfeffer
Gemüsebrühe (Instant)
2–3 TL Currypaste (ersatzweise Currypulver)
2–3 Zweige Korianderblätter (ersatzweise Petersilie)

30 Minuten

1 Das Fleisch in Streifen schneiden. Die Paprikaschoten waschen, halbieren, Trennwände und Kerne entfernen und die Schoten fein würfeln. Zucchini waschen und in 5 Millimeter feine Scheiben schneiden.

2 Die Zwiebeln abziehen, fein würfeln und in der Hälfte des Öls 4 bis 5 Minuten goldbraun braten. Zucchinischeiben zugeben und etwa 5 Minuten unter gelegentlichem Rühren dünsten.

3 In einer zweiten Pfanne das restliche Öl erhitzen. Die Fleischstreifen darin goldbraun anbraten. Die Paprikawürfel hinzufügen und kurz dünsten lassen.

4 Apfelwein und Sahne angießen. Die Zutaten zugedeckt etwa 5 Minuten bei schwacher Hitze kochen lassen. Eventuell noch etwas Wasser aufgießen, falls zu wenig Flüssigkeit übrig geblieben ist.

5 Die Äpfel waschen, entkernen und das Fruchtfleisch würfeln. Die Zuckerschoten zusammen mit den Äpfeln in das Sahne-Paprika-Gemisch einrühren. Alle Zutaten 4 bis 5 Minuten bei schwacher Hitze kochen lassen.

6 Zwiebeln und Zucchini zugeben und alle Zutaten miteinander verrühren. Mit Salz, Pfeffer, Gemüsebrühe und Curry würzen.

7 Den Koriander waschen, trockenschwenken und fein hacken. Über das Putencurry streuen und mit Naturreis, Rösti oder frischem Baguette servieren.

Pro Portion: 2191/524 kJ/kcal
23 g Eiweiß • 27 g Fett
34 g Kohlenhydrate • 11 g Ballaststoffe • 80 mg Cholesterin

Tipp der Köchin

Anstelle von Apfelwein können Sie die Sauce auch mit Apfelsaft und 1 bis 2 Teelöffeln Zitronensaft zubereiten.

Für Gäste geeignet

Entenbrust auf Apfelgemüse

Für 4 Portionen

4 große Zwiebeln, 2 EL Öl
1 unbehandelte Orange
1 Stück frischer Ingwer (4 cm)
4 EL Zwetschenmus oder -chutney
4 Äpfel, süß-säuerliche, z. B. Jonagold
1 Prise Majoran
1 Prise Thymian
1 Prise Zimt
Salz, bunter Pfeffer
800 g Entenbrust

60 Minuten

1 Die Zwiebeln abziehen und in Streifen schneiden. Das Öl erhitzen und die Zwiebelstreifen etwa 5 Minuten leicht anbraten. In eine große, flache Auflaufform geben.

2 Die Orange waschen, die Schale mit einem scharfen Messer hauchdünn abschälen und fein schneiden. Den Ingwer schälen und fein hacken. Ingwer, Orangenschale und Zwetschenmus zu den Zwiebeln geben und miteinander vermischen.

3 Die Äpfel waschen, entkernen, das Fruchtfleisch vierteln und in feine Scheiben schneiden. Die Orange auspressen, den Orangensaft über die Äpfel träufeln und die Äpfel zu den Zwiebeln in die Form geben. Mit Majoran, Thymian, Zimt, Salz und Pfeffer würzen.

4 Die Entenbrust waschen und auf einem Küchenpapier abtrocknen. Mit einem scharfen Messer die Hautseite kreuzweise einschneiden. Die Entenbrust mit der Hautseite nach unten auf das Gemüse legen.

5 Die Auflaufform in den kalten Backofen schieben (mittlere Schiene) und die Entenbrust bei 200 °C (Umluft 180 °C, Gas Stufe 3 bis 4) etwa 25 bis 30 Minuten garen.

6 Die Entenbrust umdrehen und weitere 15 bis 20 Minuten schmoren, dabei, wenn möglich, in den letzten 5 Minuten den Grill zuschalten, damit die Haut knusprig wird.

Pro Portion: 2983/710 kJ/kcal
40 g Eiweiß • 40 g Fett
38 g Kohlenhydrate • 10 g Ballaststoffe • 150 mg Cholesterin

Tipp der Köchin

Ein ideales Gericht, das sich gut vorbereiten lässt und wenig Arbeit macht. Praktisch also, wenn Sie Gäste haben. Sie richten alles her und schalten einfach den Backofen ein, wenn die Gäste kommen.

Als Variante können Sie zusätzlich Rosinen und Pastinaken in das Gemüse geben. Sie harmonieren sehr gut mit dem Geschmack des Entenfleisches.

Unbehandelte Orangen sind im Reformhaus, Bioladen oder in gut sortierten Supermärkten erhältlich.

schnell

Bunter Apfelsalat

Für 4 Portionen

250 g Erdbeeren
1/8 l Apfelsaft
2 Äpfel, grünschalig, feinsäuerlich, z. B. Braeburn
2 Äpfel, rotschalig, aromatisch, z. B. Roter Boskoop
2–3 EL Zitronensaft
50 g getrocknete, ungeschwefelte Aprikosen
einige Blättchen frische Pfefferminze oder Apfelminze

20 Minuten

1 Die Erdbeeren waschen und putzen. Größere Früchte durchschneiden. Mit dem Apfelsaft in eine Schüssel geben.

2 Die Äpfel waschen, entkernen und das Fruchtfleisch in dünne Scheiben schneiden. Zitronensaft darüber träufeln. Die Aprikosen würfeln. Äpfel und Aprikosen mit den Erdbeeren vermengen. Die Minzeblättchen fein hacken und über die Früchte streuen.

Pro Portion: 556/133 kJ/kcal
2 g Eiweiß • 1 g Fett
27 g Kohlenhydrate • 7 g Ballaststoffe • 0 mg Cholesterin

Der bunte Apfelsalat schmeckt umso besser, je frischer und aromatischer die Früchte sind. Bevorzugen Sie deswegen Früchte der Saison.

Anstelle der Erdbeeren können Sie den Salat je nach Jahreszeit mit Melone, Orangen oder Trauben abwandeln. Der fruchtige Salat passt sehr gut zu kurz gebratenem Fleisch.

Einfach und köstlich

Fernöstliche Fischpfanne

Zitronengras wird sowohl frisch, als auch getrocknet und eingelegt im Asienladen angeboten, häufig auch in Kräuterteemischungen. Frisches Zitronengras sollte feste Knollen haben.

Für 4 Portionen
400 g festes Fischfilet, z. B. Goldbarsch oder Kabeljau
2 EL Zitronensaft
Salz
1 Stück frischer Ingwer (4 cm)
1 Stange Zitronengras, ersatzweise 1 TL unbehandelte Zitronenschale
2 große Zwiebeln
2 EL Öl
200 g Zucchini
1 kleine, rote Paprikaschote
4 EL Apfelessig
4 EL Apfeldicksaft
2 EL Sojasauce
2 TL Speisestärke
2 Lauchzwiebeln
2 Äpfel, säuerlich-aromatisch
etwa 1/4 l Apfelsaft

30 Minuten

1 Die Fischfilets unter fließendem Wasser abwaschen, mit Küchenpapier trockentupfen, mit dem Zitronensaft beträufeln und salzen. In 2 bis 3 Zentimeter große Stücke schneiden.

2 Den Ingwer und das Zitronengras schälen und fein hacken. Die Zwiebeln abziehen und fein schneiden. Das Öl in einem Wok oder einer Pfanne erhitzen und Zwiebeln, Ingwer und Zitronengras etwa 5 Minuten dünsten.

3 Die Zucchini waschen und in dünne Scheiben schneiden. Die Paprikaschote waschen, halbieren, Trennwände und Kerne entfernen und die Schote fein würfeln. Beide Gemüse zu den Zwiebeln geben und 5 Minuten zugedeckt dünsten.

4 Für die Sauce Apfelessig, Apfeldicksaft, Salz, Sojasauce und Speisestärke miteinander verrühren.

5 Die Lauchzwiebeln waschen, putzen und in dünne Ringe schneiden. Die Äpfel waschen, entkernen und das Fruchtfleisch in feine Scheiben schneiden.

6 Fischstücke, Apfelscheiben und Lauchzwiebelringe auf das Gemüse geben. Die Sauce und den Apfelsaft darüber gießen und alles zugedeckt 7 bis 10 Minuten bei niedriger Hitze garen lassen. Die Sauce nach Belieben abschmecken.

Pro Portion: 1271/304 kJ/kcal
25 g Eiweiß • 2 g Fett
43 g Kohlenhydrate • 8 g Ballaststoffe • 60 mg Cholesterin

Tipp der Köchin

Zusätzlich passen auch Gurke, Sojasprossen oder Garnelen in diese Pfanne.

Edles Sonntagsessen

Zanderfilet in Apfelsauce

Für 4 Portionen
600 g Zanderfilet
3 EL Zitronensaft
Salz
1 Zwiebel, 1 Knoblauchzehe
40 g Butter
1/2 l Apfelwein
200 g Sahne
Cayennepfeffer, 1 Prise Curry
2 TL Gemüsebrühe (Instant)
2 Äpfel, säuerlich-aromatisch
1 kleine Porreestange

30 Minuten

1 Die Fischfilets waschen, trocknen, mit Zitronensaft beträufeln und salzen. Zwiebel und Knoblauch glasig dünsten. Wein aufgießen und etwa um die Hälfte einkochen. Sahne zugeben. Mit Salz, Pfeffer, Curry und Brühe würzen.

2 Äpfel in feine Scheiben schneiden. Porree fein schneiden. Äpfel, Fisch und Porree in die Sauce legen und zugedeckt 5 bis 7 Minuten bei schwacher Hitze ziehen lassen.

Pro Portion: 2078/496 kJ/kcal
36 g Eiweiß • 25 g Fett
14 g Kohlenhydrate • 4 g Ballaststoffe • 132 mg Cholesterin

Das zarte, saftige Fleisch des Zanders braucht nur wenige Minuten in der Sauce gar zu ziehen. Zu dem edlen Zanderfilet einen leichten, trockenen Weißwein reichen.

Tipp der Köchin

Generell können Sie bei den Saucen den Apfelwein durch Cidre ersetzen. Der Geschmack wird dann etwas milder.

schnell aufgespießt

Bunte Fischspieße mit Apfelsauce

Fisch zeichnet sich durch seinen hohen Jodgehalt aus – der wichtigste Mineralstoff für die Schilddrüse. Außerdem liefert Fisch wertvolles und leicht verdauliches Eiweiß.

Für 4 Portionen
500 g Seeteufelfilet, ersatzweise Viktoriabarsch
1 unbehandelte Limone, ersatzweise Zitrone
1 EL Sojasauce
1 EL Öl
2 EL Zitronensaft
1 Prise Cayennepfeffer
1 Apfel, feinsäuerlich-aromatisch
1 rote Paprikaschote
2 EL Butterschmalz

Sauce:
20 g Zucker
3 säuerliche Äpfel, z. B. Berlepsch oder Boskoop
1 Stück frischer Ingwer (1–2 cm)
4 EL Sahne
1 TL Zitronensaft
1–2 TL Apfelessig
1 Prise Muskatblüte
1–2 TL Curry
Salz
2 TL Speisestärke

60 Minuten
30 Minuten Marinierzeit

1 Das Fischfilet mit kaltem Wasser waschen, mit Küchenpapier trockentupfen und in 3 Zentimeter große Stücke schneiden.

2 Die Limone heiß abwaschen, abtrocknen, die Hälfte der Schale dünn abschälen und fein schneiden. Sojasauce mit Öl, Zitronensaft, Limonenschale und Pfeffer verrühren, zum Fisch geben und 30 Minuten durchziehen lassen.

3 Für die Sauce 1/2 Liter Wasser mit Zucker erhitzen. Die säuerlichen Äpfel waschen, entkernen, das Fruchtfleisch fein reiben und sofort in die Flüssigkeit einrühren.

4 Ingwer schälen, fein hacken und einrühren. Sahne angießen. Mit Zitronensaft, Apfelessig, Muskat, Curry und Salz würzen. Die Sauce bei schwacher Hitze einige Minuten kochen lassen.

5 Den feinsäuerlich-aromatischen Apfel waschen, entkernen und das Fruchtfleisch in 5 Millimeter dicke Scheiben schneiden. Die Paprikaschote waschen, halbieren, Trennwände und Kerne entfernen und die Schote in 2 bis 3 Zentimeter große Stücke schneiden.

6 Die Fischstückchen abwechselnd mit Äpfeln und Paprika auf Spieße oder Rouladennadeln stecken.

7 Die Spieße im Butterschmalz von allen Seiten goldbraun anbraten. Die Apfelsauce angießen. Speisestärke in einer halben Tasse kaltem Wasser anrühren, in die Sauce gießen und bei mittlerer Hitze 5 Minuten leicht kochen lassen.

Pro Portion: 1505/360 kJ/kcal
25 g Eiweiß • 16 g Fett
23 g Kohlenhydrate • 4 g Ballaststoffe • 113 mg Cholesterin

Knusprig gebratene Fischspieße mit cremiger Apfelsauce schmecken am besten mit knusprigem Baguette und einem Glas kühlen Cidre.

Aufläufe und Gratins

Alle Aufläufe und Gratins sind leicht zuzubereiten und gelingen auch Ungeübten problemlos. Viele Gerichte lassen sich aus dem Vorrat zaubern, wenn Nüsse, Rosinen, Butter, Zitrone, Sahne und natürlich Äpfel in der Speisekammer zu finden sind. Boskoopäpfel sind übrigens prädestiniert für heiße Gerichte, weil sie schnell weich werden und ein kräftiges Aroma haben. Probieren Sie z. B. die raffinierte Kombination aus Kartoffeln, Gemüse und Äpfeln, den gratinierten Apfelreis als Dessert oder süßes Hauptgericht oder nostalgische Ofenschlupfer, die viele Süßschnäbel zu ihrem Lieblingsgericht erkoren haben.

Gelingt leicht

Knuspriger Apfelauflauf

Zur Herstellung von Kokosflocken wird die Kokosnuss geraspelt und getrocknet. Wegen des hohen Feuchtigkeits- und Fettgehaltes sind Kokosflocken nur begrenzt haltbar. Wer einen noch intensiveren Geschmack in dem Apfelauflauf haben möchte, röste sie in einer beschichteten Pfanne leicht an.

Für 4 Portionen

60 g Rosinen
2 EL Rum (ersatzweise 2 EL Wasser mit 2 Tropfen Rumaroma)
150 g Haferflocken
50 g Hirseflocken
2 EL Kokosflocken
1 Prise Zimt
1 Prise gemahlene Vanille
60 g Zucker
60 g kalte Butter
4 Äpfel, feinsäuerlich-saftig
100 g Haselnüsse oder Mandeln
Butter für die Form

60 Minuten

1 Die Rosinen mit kochendem Wasser überbrühen, etwas ziehen lassen, die Flüssigkeit abgießen und die Rosinen einige Minuten im Rum einweichen.

2 Hafer-, Hirse- und Kokosflocken mit Zimt, Vanille und Zucker vermischen. Die Butter in Stückchen darauf setzen und die Zutaten mit den Händen rasch zu einer krümeligen Masse verkneten.

3 Eine flache Auflaufform mit Butter einfetten. Die Hälfte der Krümelmasse einfüllen.

4 Die Äpfel waschen, entkernen und das Fruchtfleisch in kleine Stückchen schneiden oder mittelgrob raspeln. Die Nüsse oder Mandeln grob hacken.

5 Apfelstückchen, gehackte Nüsse oder Mandeln und die Rum-Rosinen vermischen und auf die Krümelmasse in die Auflaufform füllen. Die restlichen Krümel über den Apfelauflauf verteilen.

6 Den Auflauf in den kalten Backofen schieben (mittlere Schiene) und bei 200 °C (Umluft 180 °C, Gas Stufe 3 bis 4) etwa 35 Minuten backen, bis die Oberfläche bräunlich und knusprig wird.

7 Den Apfelauflauf je nach Belieben heiß, lauwarm oder kalt servieren.

Pro Portion: 2835/678 kJ/kcal
11 g Eiweiß • 34 g Fett
72 g Kohlenhydrate • 10 g Ballaststoffe • 36 mg Cholesterin

Tipp der Köchin

Servieren Sie zu dem knusprigen Apfelauflauf geschlagene Sahne, schnelle Vanillesauce (siehe Seite 70) oder Apfel-Zabaione (siehe Seite 27). So wird das Gericht schön saftig.

Raffiniert

Süßes Kürbis-Apfel-Gratin

Für 4 Portionen

- 500 g Kürbisfruchtfleisch
- 500 g Äpfel, säuerlich-aromatisch
- 1 EL Rosinen
- 200 g Sahne, ersatzweise Milch
- 1 EL Zucker
- 1 Prise Zimt
- 1 EL Walnusskerne

45 Minuten

1 Kürbisfruchtfleisch in Scheiben schneiden. Die Äpfel waschen, schälen, vierteln, entkernen und in dünne Schnitze schneiden. Äpfel und Kürbis in eine Auflaufform schichten und Rosinen darauf geben.

2 Sahne darüber gießen. Zucker und Zimt darüber streuen. Die Walnusskerne grob brechen und über den Äpfeln verteilen.

3 Das Gratin in den kalten Backofen schieben (mittlere Schiene) und bei 200 °C (Umluft 180 °C, Gas Stufe 3 bis 4) 35 Minuten backen.

Pro Portion: 1125/269 kJ/kcal
3g Eiweiß • 16 g Fett
25 g Kohlenhydrate • 4 g Ballaststoffe • 55 mg Cholesterin

Aromatische Äpfel, Rosinen, Zimt und Walnusskerne geben dem von Natur aus milden Kürbisfleisch einen süßen, harmonischen Geschmack.

Bereits in der Antike schätzte man den Fenchel wegen seiner Heilwirkungen. Die ätherischen Öle Athenol und Fenchem wirken gegen Blähungen und lassen bei Schnupfen und Husten die Schleimhäute schneller abschwellen.

Fremdländisch

Exotisches Kartoffel-Apfel-Gratin

Für 4 Portionen

800 g Kartoffeln
1 Fenchelknolle
2 große Zwiebeln
1 große Stange Porree
2 EL Öl
2 Äpfel, feinsäuerlich-aromatisch, z. B. Braeburn
200 g Crème fraîche
200 ml Milch
Salz
2 TL Gemüsebrühe (Instant)
1-2 TL Currypaste oder -pulver
30 g Kresse

55 Minuten

1 Die Kartoffeln waschen und mit der Schale in wenig Wasser nicht zu weich kochen. Das Kochwasser abgießen und die Kartoffeln leicht abkühlen lassen.

2 Fenchelknolle waschen, putzen und Fäden abziehen. Die Knollen halbieren und in feine Streifen schneiden. Die Zwiebeln abziehen. Den Porree putzen, längs durchschneiden und waschen. Zwiebeln und Porree separat in Streifen schneiden.

3 Das Öl erhitzen und die Zwiebeln goldraun braten. Die Fenchelstreifen zugeben und 1/4 Liter Wasser angießen. Das Gemüse 10 Minuten zugedeckt dünsten lassen.

4 Den Backofen auf 220 °C (Umluft 200 °C, Gas Stufe 4) vorheizen und eine flache Auflaufform darin anwärmen.

5 Den Porree zu dem Gemüse geben und 3 bis 4 Minuten mitkochen lassen. Die Äpfel waschen, entkernen und das Fruchtfleisch in dünne Scheiben schneiden.

6 Die Kartoffeln pellen und in Scheiben schneiden. Die Hälfte der Kartoffel- und Apfelscheiben in die vorgewärmte Form schichten. Das Gemüse darauf verteilen. Die restlichen Kartoffeln und Äpfel darauf geben. Die Crème fraîche mit Milch, Salz, Gemüsebrühe und Curry verrühren und gleichmäßig über die Zutaten verteilen.

7 Das Gratin auf der mittleren Schiene des Ofens 25 bis 30 Minuten backen.

8 Die Kresse waschen, trockenschwenken und über das fertige Gratin streuen.

Pro Portion: 1897/479 kJ/kcal
11 g Eiweiß • 23 g Fett
53 g Kohlenhydrate • 12 g Ballaststoffe • 20 mg Cholesterin

Fenchelgemüse und Curry geben dem exotischen Kartoffel-Apfel-Gratin eine faszinierend fremdländische Note. Das Gratin ist leicht zuzubereiten. Besonders schnell ist es fertig, wenn gekochte Kartoffeln vom Vortag verwendet werden.

Tipp der Köchin

Schneiden Sie Fenchelgrün und harte Stiele der äußeren Blätter ab. Fenchel vierteln. Als Gemüse oder roh genießen.

Macht wenig Arbeit

Gratinierter Apfelreis mit Mandelblättchen

Der Reis wird im rohen Zustand mit den restlichen Zutaten vermischt und überbacken. Dabei ist es wichtig, ausreichend Flüssigkeit zuzugeben, damit die Reiskörner quellen können und weich werden.

Für 4 Portionen

- 200 g Milchreis oder Risottoreis
- 1 unbehandelte Zitrone
- 3/4 l Milch
- 250 g süße Sahne
- Salz
- 1 Prise gemahlene Vanille
- 1 Prise Zimt
- 4 EL Zucker, nach Belieben
- 50 g Rosinen
- 4 säuerliche Äpfel, z. B. Boskoop oder Cox Orange
- 2 EL Mandelblättchen

60 Minuten

1 Den Reis waschen, abtropfen lassen und in eine Auflaufform geben. Die Zitrone heiß abwaschen, abtrocknen und die Schale über den Reis reiben. Milch und Sahne angießen, Salz, Vanille, Zimt, Zucker und Rosinen einrühren.

2 Die Äpfel waschen, schälen, entkernen und das Fruchtfleisch mittelgrob raspeln oder würfeln und in den Reis einrühren.

3 Die Auflaufform in den kalten Backofen schieben (mittlere Schiene) und das Gratin bei 200 °C (Umluft 180 °C, Gas Stufe 3 bis 4) etwa 50 Minuten backen.

4 Nach etwa 15 Minuten den Reis einmal umrühren, damit er gleichmäßig quellen kann.

5 Wenn der Reis fast weich ist, die Mandeln darüberstreuen und weitere 5 bis 10 Minuten backen, bis die Mandeln goldbraun sind.

6 Eine kaltgerührte Fruchtsauce zum Apfelreis servieren (siehe Rezept unten).

Pro Portion: 2809/672 kJ/kcal
12 g Eiweiß • 28 g Fett
86 g Kohlenhydrate • 5 g Ballaststoffe • 90 mg Cholesterin

Kaltgerührte Fruchtsauce

1 500 Gramm Erdbeeren, Himbeeren oder Nektarinen waschen, putzen und evtl. den Kern entfernen.

2 Früchte mit einem Pürierstab und evtl. etwas Flüssigkeit (Saft oder Wasser) fein pürieren.

3 Nach Belieben mit Zucker und Zitronensaft abschmecken. Zum gratinierten Apfelreis servieren.

Ganz einfach

Hirseauflauf mit Äpfeln und Nüssen

Für 4 Portionen

- 120 g Hirse
- 200 ml Apfelsaft
- 1 unbehandelte Zitrone
- 2 Eier
- 4 Äpfel, feinsäuerlich-aromatisch, z. B. Jonagold
- 50 g Haselnüsse, Walnüsse oder Mandeln
- 200 g Sahne
- 100 g Quark
- 1/2 TL gemahlene Vanille
- 2 EL Zucker
- Butter für die Form

55 Minuten

1 Die Hirse in einem feinmaschigen Sieb heiß abspülen. Mit 200 Milliliter Wasser und Apfelsaft zum Kochen bringen.

2 Die Zitrone heiß abwaschen, abtrocknen, die Schale dünn abschälen, fein schneiden und zur Hirse geben. Die Hirse bei schwacher Hitze zugedeckt in etwa 20 Minuten quellen lassen.

3 Eine flache Auflaufform mit Butter einfetten.

4 Den Saft der Zitrone auspressen. Die Eier trennen. Das Eiweiß mit der Hälfte des Zitronensafts mit den Quirlen des Handrührgerätes steif schlagen.

5 Die Äpfel waschen, entkernen und das Fruchtfleisch in dünne Scheiben schneiden. Mit dem restlichen Zitronensaft beträufeln.

6 Die Nüsse grob hacken. Sahne mit Quark, Eigelb, Vanille und Zucker verrühren. Diese Mischung und die Hälfte der Nüsse in den Hirsebrei einrühren. Den Eischnee vorsichtig unterheben.

7 Die Hirsemasse und die Äpfel schichtweise in die Auflaufform füllen. Die restlichen Nüsse zuletzt darüber streuen.

8 Die Form in den kalten Backofen schieben (mittlere Schiene) und den Auflauf bei 200 °C (Umluft 180 °C, Gas Stufe 3 bis 4) etwa 30 Minuten backen, bis die Oberfläche leicht gebräunt ist.

Pro Portion: 2329/557 kJ/kcal
13 g Eiweiß • 32 g Fett
49 g Kohlenhydrate • 7 g Ballaststoffe • 179 mg Cholesterin

Tipp der Köchin

Der Hirseauflauf ist durch Zugabe der Sahne schon recht gehaltvoll. Wählen Sie deshalb 20 prozentigen Quark oder die Magerstufe. Sie müssen dabei aber nicht auf Geschmack verzichten.

Hirse wird wie Reis zubereitet und kann auch als Beilage gereicht werden. Die kleinen, gelben Körnchen liefern viel Kieselsäure, die für schöne Haare und kräftige Nägel sorgt.

Für kalte Tage

Gefüllte Bratäpfel mit schneller Vanillesauce

Wenn Sie die Schale der Bratäpfel etwas einschneiden, platzen die Äpfel im Backofen nicht unregelmäßig auf. So bleiben sie schön ansehnlich und sind auch fürs Auge ein Genuss.

Für 4 Portionen

1 EL Rosinen
2 EL Rum, ersatzweise Apfelsaft
40 g Haselnüsse oder Mandeln
1-2 EL Orangenmarmelade
4 Äpfel, rot, mürbe und säuerlich-aromatisch
4 Toastscheiben
20 g Butter
Butter für die Form

Sauce:

4 Kugeln Vanilleeis
4 EL Joghurt

50 Minuten

1 Für die Füllung die Rosinen mit heißem Wasser überbrühen und einige Minuten quellen lassen. Die Flüssigkeit abgießen und die Rosinen mit dem Rum vermischen.

Orangenmarmelade wird aus Orangensaft und Schalenstückchen zubereitet, die ihr das etwas bittere Aroma geben.

2 Nüsse oder Mandeln fein reiben und mit den Rosinen und der Orangenmarmelade verrühren.

3 Die Äpfel waschen und das Kerngehäuse mit einem Apfelausstecher entfernen. Die Schale der Äpfel in der Mitte rundherum etwas einschneiden.

4 Eine flache, rechteckige Auflaufform mit Butter einfetten. Die Toastscheiben goldbraun rösten und nebeneinander in die Form legen. Die Äpfel darauf setzen.

5 Die Füllung mit Hilfe von zwei Teelöffeln in die Äpfel streichen. Auf jeden gefüllten Apfel ein kleines Stück Butter setzen.

6 Die Auflaufform in den kalten Backofen schieben (mittlere Schiene) und die Bratäpfel bei 220 °C (Umluft 200 °C, Gas Stufe 4 bis 5) etwa 30 Minuten backen.

7 Mit einer Gabel einstechen und testen, ob das Fruchtfleisch weich ist.

8 Für die Sauce das Vanilleeis schmelzen lassen und mit dem Joghurt cremig rühren.

Pro Portion: 1743/417 kJ/kcal
7 g Eiweiß • 19 g Fett
48 g Kohlenhydrate • 6 g Ballaststoffe • 121 mg Cholesterin

Tipp der Köchin

Bratäpfel gelingen besonders gut mit roten oder grünen Boskoopäpfeln, da sie schnell weich werden und ein kräftiges Aroma haben.

Hauptspeise oder Dessert

Quarkgratin mit Äpfeln

Für 4 Portionen
250 g Äpfel, süß-aromatisch
1 unbehandelte Zitrone
3 Eier, 1 Prise Salz
50 g Zucker
1 Prise gemahlene Vanille
400 g Sahnequark, 1 EL Mehl
1 EL Mandelblättchen
Butter für die Form

50 Minuten

1 Äpfel waschen, schälen, entkernen. Fruchtfleisch in Scheiben schneiden. Zitronenschale abreiben, Saft auspressen und 2 Teelöffel davon über die Äpfel träufeln.

2 Eier mit Salz und 3 Esslöffeln heißem Wasser schaumig rühren. Zucker einrühren, bis die Masse schaumig ist. Zitronenschale und Vanille zugeben. Quark und Mehl unterziehen.

3 Masse in eine eingefettete Form füllen. Äpfel darauf verteilen. Mandeln darüber streuen. Form in den Backofen schieben (mittlere Schiene) und das Gratin 30 Minuten bei 220 °C (Umluft 200 °C, Gas Stufe 4 bis 5) goldbraun überbacken.

Der Klassiker für kalte Wintertage: Die gefüllten Bratäpfel sind schnell zubereitet und kommen bei Jung und Alt sehr gut an.

Pro Portion:
1459/349 kJ/kcal
18 g Eiweiß
18 g Fett
25 g Kohlenhydrate
2 g Ballaststoffe
218 mg Cholesterin

Klassiker

Ofenschlupfer

Statt alter Brötchen können Sie auch 300 Gramm trockene Rührkuchenreste oder Plätzchen verwerten. Dann sollten Sie jedoch entsprechend weniger Zucker zugeben.

Für 4 Portionen

5 altbackene Brötchen
500-600 ml Milch
500-600 g Äpfel, feinsäuerlich oder säuerlich
1-2 EL Zitronensaft
40 g Rosinen
50 g Mandeln oder Haselnüsse
50 g Zucker
1/2 TL Zimt
2-3 EL Rum
100 g Sahne
2-3 Eier
20 g Butter
Butter für die Form

60 Minuten

1 Die trockenen Brötchen in der Hälfte der Milch einweichen und 10 bis 15 Minuten quellen lassen. Wenn die Flüssigkeit aufgesogen ist, die »Reste« aber noch nicht ganz durchgeweicht sind, diese wenden und noch etwas Milch nachgießen.

2 Die Äpfel waschen, entkernen und das Fruchtfleisch mittelgrob raspeln oder stifteln. Äpfel mit dem Zitronensaft beträufeln.

3 Rosinen mit 1 Tasse kochendem Wasser überbrühen und einige Minuten ziehen lassen. Die Flüssigkeit abgießen. Rosinen zu den Äpfeln geben. Mandeln reiben oder grob hacken und mit Zucker, Zimt und Rum unter die Äpfel mischen.

So köstlich kann Resteverwertung schmecken. Eine heiße Frucht- oder Vanillesauce oder die Apfel-Zabaione (Seite 27) ergänzen den Ofenschlupfer perfekt.

4 Die eingeweichten Brötchen mit den Fingern grob zerpflücken, mit der Apfelmasse vermischen und in eine eingefettete Form füllen.

5 Sahne mit den Eiern verquirlen, über den Zutaten verteilen, einziehen lassen und die Oberfläche glatt streichen. Die Butter in kleinen Stückchen darauf verteilen.

6 Die Form in den kalten Backofen schieben (untere Schiene) und den Ofenschlupfer bei 200 °C (Umluft 180 °C, Gas Stufe 3 bis 4) in 35 Minuten goldbraun backen.

7 Den Auflauf nach Möglichkeit vor dem Servieren noch einige Minuten durchziehen lassen. Warm oder kalt servieren.

Pro Portion: 2960/708 kJ/kcal
19 g Eiweiß • 29 g Fett
79 g Kohlenhydrate • 6 g Ballaststoffe • 234 mg Cholesterin

Tipp der Köchin

Für den Ofenschlupfer eignen sich durchaus auch Vollkornbrötchen. Somit erhöht sich der Ballaststoffgehalt des Gerichtes. Ballaststoffe können im Körper quellen, wirken sättigend und erhöhen die Eigenbewegung des Darms. So helfen sie einem trägen Darm auf die Sprünge. Neueste Forschungsergebnisse zeigen, dass eine ballaststoffreiche Ernährung das Darmkrebsrisiko vermindert.

Unübertroffen

Karamellisierte Äpfel mit Zimtsahne

Verwenden Sie für die karamellisierten Äpfel tatsächlich auch Butter. Sie ist hier unübertroffen im Geschmack. Wohl keine Margarine könnte dem Gericht das köstliche Aroma geben.

Für 4 Portionen

500–600 g Äpfel, feinsäuerlich-aromatisch
1–2 TL Zitronensaft
40 g Butter
2-3 EL Zucker
1/4 l Apfelsaft oder Weißwein
200 g Sahne
1 Päckchen Vanillezucker
1–2 TL Zimt
50 g Walnusskerne

40 Minuten

1 Äpfel waschen, schälen, entkernen und das Fruchtfleisch in dünne Schnitze schneiden. Die Apfelschnitze mit dem Zitronensaft beträufeln. In eine großflächige Auflaufform schichten.

2 In einer Pfanne die Butter mit dem Zucker aufschäumen lassen, mit dem Apfelsaft ablöschen und leicht einkochen lassen. Die Karamellsauce über die Äpfel gießen.

3 Die Form in den kalten Backofen schieben (mittlere Schiene) und die Äpfel bei 220 °C (Umluft 200 °C, Gas Stufe 4 bis 5) etwa 25 Minuten gratinieren, bis die Äpfel weich werden, aber nicht zerfallen.

4 Die Sahne mit dem Handrührgerät steif schlagen und Vanillezucker und Zimt nach Belieben einrühren. Die Zimtsahne bis zum Servieren kalt stellen. Die Walnüsse in kleine Stücke hacken.

5 Die karamellisierten Äpfel mit einem Klecks Zimtsahne und den Nüssen servieren. Nach Belieben mit einer Kugel Vanille- oder Walnusseis servieren.

Pro Portion: 1743/417 kJ/kcal
4 g Eiweiß • 27 g Fett
36 g Kohlenhydrate • 6 g Ballaststoffe • 78 mg Cholesterin

Butter und Zucker karamellisieren

1 Butter und Zucker erhitzen und aufschäumen lassen. Rühren, bis die Masse bräunlich wird.

2 Die karamellisierte Masse mit Apfelsaft oder Weißwein ablöschen und umrühren.

3 Die Sauce einige Minuten unter ständigem Rühren einkochen lassen, bis sie goldbraun wird.

Ungewöhnlich

Heiß gefüllte Käse-Äpfel

Für 4 Portionen

4 Äpfel, feinsäuerlich-aromatisch
2 TL Zitronensaft
1/4 l Apfelwein oder Cidre
200 g Brie, Raclettekäse oder Camembert
Salz, Pfeffer
Muskatnuss

40 Minuten

1 Äpfel waschen, am Stielende einen 1 Zentimeter dicken Deckel abschneiden. Äpfel auf 5 Millimeter Randdicke aushöhlen. Fruchtfleisch hacken. Mit Zitronensaft beträufeln.

2 Wein aufkochen. Äpfel mit der ausgehöhlten Seite nach unten 5 Minuten darin kochen. Käse würfeln, mit dem Fruchtfleisch vermischen und würzen. In die Äpfel füllen.

3 Äpfel mit Deckel in eine Form setzen, Wein angießen und 20 Minuten bei 200 °C (Umluft 180 °C, Gas Stufe 3 bis 4) überbacken.

Pro Portion: 1191/285 kJ/kcal
9 g Eiweiß • 17 g Fett
15 g Kohlenhydrate • 3 g Ballaststoffe • 47 mg Cholesterin

Die karamellisierten Äpfel sind ideal für Gäste. Sie können vorbereitet werden, garen von selbst im Backofen, und die Sahne ist vor dem Servieren schnell geschlagen.

Gebäck und Desserts

Ob gebacken oder frittiert, gerollt oder gedeckt, knusprig oder cremig – bei den folgenden Gebäcken und Desserts kommt jeder auf seine Kosten. Alle Desserts sind schnell zubereitet und in weniger als 30 Minuten fertig. Alle Kuchenteige können Sie nach Belieben mit weißem Mehl oder fein gemahlenen Vollkornmehlen zubereiten. Ich persönlich verwende am liebsten Dinkelmehl. Es ist besonders gesund, schmeckt gut und hat hervorragende Backeigenschaften.

Gelingt immer

Apfelwaffeln

Für 12 Stück
- 1 unbehandelte Zitrone
- 125 g weiche Butter
- 40 g Zucker
- 3 Eier
- 250 g Mehl
- 1 TL Backpulver
- 40 g Haselnüsse oder Mandeln
- 1 TL Zimt
- 100 g Sahne
- 1 großer, aromatischer Apfel (150 g), z. B. Boskoop
- 4 EL Rum
- etwa 1/4 l Apfelsaft
- Öl oder Butter für das Eisen
- Puderzucker zum Verzieren

30 Minuten

1 Die Zitrone heiß abwaschen und die Schale abreiben, bis Sie etwa eine Menge von 1/2 Teelöffel erhalten. Butter mit Zucker, Zitronenschale und Eiern verrühren.

2 Das Mehl mit dem Backpulver vermischen und einrühren. Die Nüsse oder Mandeln fein reiben und mit Zimt und Sahne unter die Zutaten rühren.

3 Apfel waschen, schälen, entkernen und das Fruchtfleisch mittelgrob raspeln. Sofort in den Teig rühren. Den Rum und so viel Apfelsaft einrühren, bis der Teig eine fast flüssige Konsistenz hat.

4 Das Waffeleisen anheizen und mit etwas Öl oder flüssiger Butter auspinseln. Den Teig in Portionen in das Eisen geben und die Waffeln nacheinander ausbacken, bis sie goldbraun sind.

5 Die Waffeln mit Puderzucker bestreuen und noch warm mit Apfelkompott servieren.

Pro Stück: 1195/286 kJ/kcal
5 g Eiweiß • 18 g Fett
21 g Kohlenhydrate • 3 g Ballaststoffe • 94 mg Cholesterin

Tipp der Köchin

Wenn Sie keine unbehandelte Zitrone bekommen, können Sie auch getrocknete Zitronenschalen aus dem Backzutatensortiment verwenden.

Unkompliziert

Apfelkrapfen

Für etwa 15 kleine Krapfen

125 g Mehl
100 ml Apfelsaft
1/2 TL Zitronenschale einer unbehandelten Frucht
2 Eier
1 Prise Salz
200 g Äpfel, säuerlich-aromatisch, z. B. Elstar
1/4 l Sonnenblumenöl zum Ausbacken
Zucker und Zimt zum Bestreuen

15 Minuten

1 Mehl mit Apfelsaft und Zitronenschale verrühren. Eier trennen. Eiweiß mit einer Prise Salz steif schlagen. Eigelbe in den Teig einrühren. Äpfel waschen, schälen, entkernen, das Fruchtfleisch in feine Scheiben schneiden und in den Teig einrühren.

2 Öl in einem hohen Topf erhitzen. Walnussgroße Teigportionen in 2 bis 3 Minuten goldbraun backen. Die Krapfen mit Zucker und Zimt bestreuen und lauwarm servieren.

Pro Stück: 861/206 kJ/kcal
2 g Eiweiß • 18 g Fett
8 g Kohlenhydrate • 1 g Ballaststoffe • 32 mg Cholesterin

Etwas gehaltvoll, aber unübertroffen gut präsentieren sich die knusprigen Apfelkrapfen. Am besten schmecken sie frisch frittiert.

Lassen Sie die Krapfen nach dem Frittieren kurz auf Küchenpapier abtropfen. Es saugt überschüssiges Fett auf.

Apfelwein ist ein weinähnliches Getränk mit geringerem Alkoholgehalt als Wein. Er wird aus vergorenen Äpfeln hergestellt und schmeckt gut gekühlt sehr erfrischend und regt den Appetit an.

Fruchtig und leicht

Apfeltorte mit Apfelweincreme

Für 12 Stücke

Teig:
- 250 g Mehl
- 100 g Zucker
- 1 Prise Salz
- 1 TL Backpulver
- 1 Ei
- 125 g Butter

Belag:
- 750 ml Apfelwein
- 100-150 g Zucker (je nach Süße des Apfelweins)
- 2 Päckchen Vanillepuddingpulver
- Butter für die Form
- 600 g Äpfel, feinsäuerlich-aromatisch

Verzierung:
- 200 g Sahne
- 1 TL Kakao
- eingelegte Miniäpfel (aus der Dose)
- Zitronenmelisseblättchen

70 Minuten

1 Für den Teig Mehl mit Zucker, Salz, Backpulver und Ei vermischen. Die Butter in Stückchen darauf setzen und alle Zutaten mit den Knethaken des Rührgeräts oder den Händen rasch zu einem glatten Teig verkneten. Den Teig zu einer Kugel formen und zugedeckt kühl stellen, bis der Belag bereitet ist.

2 Apfelwein mit Zucker erhitzen. Puddingpulver mit etwas kaltem Wasser glatt rühren und in die kochende Flüssigkeit einrühren. 2 bis 3 Minuten unter Rühren kochen lassen. Beiseite stellen.

3 Rand und Boden einer Springform einfetten. Den Teig in die Mitte der Form legen und zu einem Boden ausdrücken. Dabei mit den Fingern einen kleinen Rand hoch ziehen.

4 Äpfel waschen, schälen, entkernen und das Fruchtfleisch in feine Scheiben schneiden. Die Apfelschnitze auf dem Teig verteilen. Die Creme darauf gießen und glatt streichen.

5 Die Springform in den kalten Backofen schieben (mittlere Schiene) und den Kuchen bei 200 °C (Umluft 180 °C, Gas Stufe 3 bis 4) etwa 45 Minuten backen. Die Torte in der Form auskühlen lassen. Den Ring abnehmen.

6 Sahne steif schlagen. Mit einer Tortenspritze dekorativ auf den Kuchen spritzen. Mit etwas Kakao überstäuben. Mit Miniäpfeln und Melisseblättchen dekorieren.

Pro Stück: 1526/365 kJ/kcal
4 g Eiweiß • 15 g Fett
45 g Kohlenhydrate • 3 g Ballaststoffe • 63 mg Cholesterin

So leicht kann eine Apfeltorte sein. Außergewöhnlich ist der Guss aus fruchtigem Apfelwein und Vanillepuddingpulver.

Tipp der Köchin

Dieser Kuchen lässt sich sehr gut am Vortag zubereiten. So kann er noch etwas durchziehen.

Geht schnell

Apfelschnecken

Apfelschnecken sind eine schnelle Rezeptidee, mit der Sie Ihre Lieben zum Sonntagsfrühstück überraschen können.

Für 16 Stücke

Teig:
150 g Quark
6 EL neutrales Öl
6 EL Milch
60 g Zucker
1 Päckchen Vanillezucker
1 Prise Salz
300 g Dinkel- oder Weizenmehl
1 Päckchen Backpulver

Belag:
50 g getrocknete Aprikosen, Rosinen oder Sultaninen
300 g Äpfel, feinsäuerlich-aromatisch
1 EL Zitronensaft
1 TL Zitronenschale (frisch oder getrocknet)
1–2 EL Pinienkerne
1 EL Zucker
1 TL Zimt
1 Prise gemahlene Vanille
Butter oder Backpapier für das Blech

45 Minuten

1 Für den Belag die Aprikosen fein würfeln. Trockenfrüchte mit etwa 1/8 Liter kochendem Wasser überbrühen und einige Minuten quellen lassen.

2 Für den Teig Quark mit Öl, Milch, Zucker, Vanillezucker und Salz verrühren. Das Mehl mit dem Backpulver vermischen, zu dem Teig geben und zügig einarbeiten. (Quarkölteig darf nicht zu lange geknetet werden.) Den Teig auf einer bemehlten Arbeitsfläche zu einem etwa 5 Millimeter dicken Rechteck ausrollen.

3 Äpfel waschen, entkernen und das Fruchtfleisch mittelgrob raspeln. Sofort den Zitronensaft darüber geben. Zitronenschale, Pinienkerne, Zucker, Zimt und Vanille unterrühren. Das Wasser der Trockenfrüchte abgießen und die Früchte einrühren.

4 Die Teigplatte mit der Füllung bestreichen und von der kürzeren Seite her aufrollen. Mit einem scharfen Messer 2 Zentimeter breite Stücke abschneiden. Diese auf ein gefettetes oder mit Backpapier ausgelegtes Blech legen. Mit Milch bestreichen.

5 Das Backblech in den kalten Backofen schieben (mittlere Schiene) und die Apfelschnecken bei 200 °C (Umluft 180 °C, Gas Stufe 3 bis 4) in etwa 30 Minuten goldbraun und knusprig backen.

Pro Stück: 686/164 kJ/kcal
3 g Eiweiß • 6 g Fett
23 g Kohlenhydrate • 1 g Ballaststoffe • 2 mg Cholesterin

Geschwefelte Aprikosen behalten während des Trocknens ihre intensive Farbe. Ungeschwefelte Früchte werden zwar bräunlich und weniger ansehnlich, doch sie sind gesünder.

Für spontane Gäste

Apfelschnitten

Für 4 Stücke

250 g TK-Blätterteig oder Mürbteig
2 große Äpfel, feinsäuerlich oder säuerlich-aromatisch
1 EL Zitronensaft
2 EL Rum, ersatzweise
2 Tropfen Rumaroma mit Wasser
2 EL Rosinen oder Sultaninen
30 g Nüsse
1 EL Zucker
1 Prise Zimt

40 Minuten

1 Blätterteigplatten nebeneinander legen und in 10 bis 15 Minuten auftauen lassen.

2 Äpfel waschen, schälen, entkernen, das Fruchtfleisch vierteln und längs einschneiden, aber nicht ganz durchschneiden. Äpfel in Zitronensaft und Rum einige Minuten ziehen lassen.

3 Den Backofen auf 220 °C (Umluft 200 °C, Gas Stufe 4) vorheizen. Rosinen mit kochendem Wasser überbrühen und einige Minuten quellen lassen.

4 Nüsse grob hacken oder fein reiben. Zucker und Zimt miteinander vermischen.

5 Den Teig zu einer Fläche von 25 x 40 Zentimetern auf einem Backblech ausrollen. Nüsse und Rosinen auf einer Hälfte verteilen. Je 2 Äpfel mit 5 Zentimeter Abstand darauf setzen. Mit dem Zimt-Zucker bestreuen.

6 Die andere Seite des Teiges im Abstand von 1 Zentimeter streifenförmig einschneiden, aber nicht bis zum Rand durchschneiden. Diese Teighälfte als Deckel über die Äpfel klappen und die Ränder zusammendrücken.

7 Das Backblech in den Backofen schieben (mittlere Schiene) und den Teig 15 Minuten backen. Leicht abkühlen lassen und beliebig breite Schnitten abschneiden.

Pro Stück: 1689/404 kJ/kcal
4 g Eiweiß • 23 g Fett
39 g Kohlenhydrate • 4 g Ballaststoffe • 0 mg Cholesterin

Tipp der Köchin

Servieren Sie diese Schnitten noch lauwarm als Dessert, und reichen Sie dazu die Apfel-Zabaione von Seite 27. Ihre Gäste werden begeistert sein.

Tiefgekühlten Blätterteig oder fertigen Mürbteig gibt es in jedem gut sortierten Supermarkt zu kaufen. Sie sind sehr praktisch, weil man immer etwas in Reserve halten kann.

Äpfel sind das ganze Jahr über erhältlich, und die meisten Sorten eignen sich sehr gut zum Lagern. So lassen sich mit den Früchten immer leckere Backwaren zubereiten.

Tipp der Köchin

Bei Rührteigen immer darauf achten, daß alle Zutaten Raumtemperatur haben, damit sie sich gut verbinden.

Gut aufzubewahren

Apfel-Gewürz-Kuchen

Für eine Kastenform (30 cm), etwa 15 Stücke

- 125 g weiche Butter
- 125 g Zucker
- 2 Eier
- 1 Prise Salz
- 1 TL gemahlene Vanille
- 1 EL Zimt
- 1 TL gemahlene Nelken
- 1/2 TL Muskatblüte
- 2 EL Kakao oder Carob
- 125 g Hasel- oder Walnüsse
- 250 g Mehl
- 3 gestrichene TL Backpulver
- 2 EL Rum oder Apfelsaft
- Butter für die Form
- 1 EL Semmelbrösel oder Mehl
- 400 g Äpfel, süß-aromatisch

90 Minuten

1 Die Butter mit dem Zucker so lange mit den Quirlen des Handrührgerätes rühren, bis die Masse cremig wird. Die Eier nach und nach einrühren.

2 Salz, Vanille, Zimt, Nelken, Muskatblüte und Kakao einrühren. Die Nüsse fein reiben und zu der Masse geben.

3 Das Mehl mit dem Backpulver vermischen und mit dem Rum oder dem Apfelsaft unterrühren.

4 Eine Kastenform mit einem Backpinsel einfetten und mit Bröseln oder Mehl ausstreuen.

5 Äpfel waschen, entkernen und das Fruchtfleisch in 2 bis 3 Millimeter feine Scheibchen schneiden oder mittelgrob raspeln. Sofort in den Teig rühren, damit die Äpfel nicht braun werden.

6 Der Teig soll geschmeidig sein und schwer reißend vom Löffel fallen. Ist er zu trocken, eventuell noch etwas Apfelsaft oder Rum einrühren.

7 Den Teig in die Form gleiten lassen. Die Kastenform in den kalten Backofen geben (mittlere Schiene) und den Apfel-Gewürz-Kuchen bei etwa 200 °C (Umluft 180 °C, Gas Stufe 3–4) etwa 60 Minuten backen.

8 Mit einem dünnen Holzstäbchen prüfen, ob der Kuchen gar ist. Bleiben Teigreste daran hängen, braucht er noch etwas Zeit.

Pro Stück: 1037/248 kJ/kcal
6 g Eiweiß • 14 g Fett
24 g Kohlenhydrate
3 g Ballaststoffe
52 mg Cholesterin

Blitzschnell

Apfelschaum

Für 4 Portionen

- 200 g Sahne
- 1 Vanillezucker
- 2 Äpfel, süß-aromatisch, rotschalig
- 1 TL Zitronensaft
- 1 Prise Zimt
- 10 ml Calvados
- 1–2 TL Apfeldicksaft zum Süßen

10 Minuten

1 Die Sahne mit den Quirlen des Handrührgerätes steif schlagen und den Vanillezucker einrühren.

2 Äpfel waschen, entkernen und das Fruchtfleisch fein reiben. Mit Zitronensaft, Zimt, Calvados und Apfeldicksaft vermischen und sofort unter die Sahne heben.

Pro Portion: 869/208 kJ/kcal
1 g Eiweiß • 16 g Fett
13 g Kohlenhydrate • 2 g Ballaststoffe • 55 mg Cholesterin

Tipp der Köchin

Wenn Kinder mitessen, verzichten Sie auf Alkohol, und ersetzen Sie den Calvados durch Apfel- oder Orangensaft.

Schnell, fruchtig und sahnig – der Apfelschaum ist als köstliches Dessert unschlagbar.

Apfeldicksaft wird gewonnen, indem Äpfel ausgepresst werden und der Saft anschließend durch Dämpfen eingedickt wird. Auf gleiche Weise werden Birnen- und andere Obstdicksäfte hergestellt.

Tartes haben ihre Heimat in Frankreich. Dort gibt es sie in jeder Bäckerei. Typischerweise werden sie aus ungesüßtem, hauchdünn ausgerolltem Teig zubereitet, der mit Äpfeln, Birnen, Aprikosen oder anderen Früchten belegt wird.

Fruchtig

Knusprige Apfeltarte

Für eine Backform (24 cm Durchmesser), 8 Stücke

Teig:
100 g Mehl
50 g Crème fraîche
50 g kalte Butter

Belag:
2 säuerlich-aromatische Äpfel
2 EL Aprikosen- oder Quittengelee
20 g Butter
20 g Mandelblättchen
1 EL Zucker

60 Minuten

1 Das Mehl mit der Crème fraîche verrühren. Die Butter in kleinen Stücken dazugeben und mit den Händen zügig zu einem glatten Teig verkneten. Den Teig für 10 Minuten in den Gefrierschrank legen.

2 Den Backofen auf 220 °C (Umluft 200 °C, Gas Stufe 4 bis 5) vorheizen. Die Äpfel waschen, schälen, entkernen und das Fruchtfleisch in 2 bis 3 Millimeter feine Schnitze schneiden.

3 Eine Tarteform mit Butter einfetten. Den Teig mit den Händen zu einem dünnen Teigboden ausdrücken. Ein Teigrand ist hier nicht nötig, da der Belag sehr dünn ist.

4 Die Apfelschnitze rosettenförmig mit etwas Abstand auf den Teigboden legen.

Aus nur wenigen Zutaten lässt sich eine hauchdünne, knusprige Apfeltarte nach französischem Vorbild zaubern. Hier gilt das Motto: je dünner, desto besser.

5 Die Form in den Backofen schieben (mittlere Schiene) und die Apfeltarte etwa 30 Minuten backen, bis der Boden goldbraun und knusprig ist. Die Äpfel beginnen dann, sich langsam leicht braun zu verfärben.

6 Den Kuchen aus dem Backofen nehmen und das Aprikosen- oder Quittengelee mit einem Backpinsel auf den noch heißen Äpfeln verstreichen.

7 Die Butter in einer Pfanne schmelzen lassen, die Mandeln zugeben und unter ständigem Rühren goldbraun braten. Den Zucker zugeben und karamellisieren lassen. Dabei immer weiterrühren. Die Krokantmischung sofort auf dem Kuchen verteilen.

8 Dieser Kuchen soll hauchdünn sein, wie ein knuspriger Keks, dann schmeckt er am besten.

Pro Stück: 657/157 kJ/kcal
2 g Eiweiß • 9 g Fett
16 g Kohlenhydrate • 2 g Ballaststoffe • 17 mg Cholesterin

Tipp der Köchin

Die knusprige Apfeltarte ist ein echter Lieblingskuchen mit Äpfeln, weil er schnell gemacht und wegen des dünnen Teigs leicht ist. Ich serviere diesen Kuchen gerne zu Desserts als knusprig-fruchtige Beilage.

Gelingt leicht

Schneller Apfelstrudel

Apfelstrudel füllen

1 Den Teig hauchdünn zu einem Rechteck ausrollen. Mit flüssiger Butter bestreichen.
2 Die Füllung auf der halben Fläche des Teiges parallel zur längeren Seite verteilen. 5 Zentimeter Rand frei lassen.
3 Zuerst die breite Seite, dann die beiden kürzeren Seiten einschlagen und den Strudel aufrollen.

Für 4 Portionen

Teig:
200 g Mehl
1 Prise Backpulver
1 Prise Salz
1 Päckchen Vanillezucker
100 g Quark
4 EL Milch
4 EL neutrales Öl

Füllung:
20 g Rosinen
600–700 g feinsäuerliche Äpfel
1 EL Zitronensaft
1–2 EL Zucker
1 gestrichener TL Zimt
30 g Mandeln, Nüsse oder Pinienkerne
20 g Butter
Butter oder Backpapier für die Form
Puderzucker zum Verzieren

60 Minuten

1 Mehl mit Backpulver vermischen. Salz, Vanillezucker, Quark, Milch und Öl einrühren und zu einem glatten, geschmeidigen Teig verkneten.

2 Für die Füllung die Rosinen mit kochendem Wasser überbrühen und einige Minuten im Wasser quellen lassen.

3 Äpfel waschen, schälen, entkernen und das Fruchtfleisch in feine Scheibchen oder Stifte schneiden. Mit Zitronensaft, Zucker und Zimt vermischen.

4 Mandeln oder Nüsse hacken oder reiben. Mandeln, Nüsse oder Pinienkerne und die abgetropften Rosinen unter die Äpfel mischen.

5 Die Butter in einem kleinen Topf zerlassen.

6 Den Teig auf einer bemehlten Arbeitsfläche etwa 2 bis 3 Millimeter dünn ausrollen und mit der Hälfte der flüssigen Butter bestreichen. Die Apfelfüllung gleichmäßig darauf verteilen. Den Strudel (wie in der Randspalte beschrieben) aufrollen.

7 Ein Backblech einfetten oder mit Backpapier auslegen. Den aufgerollten Strudel darauf legen und mit der restlichen Butter bestreichen.

8 Das Backblech in den kalten Backofen schieben (mittlere Schiene) und den Strudel bei 200 °C (Umluft 180 °C, Gas Stufe 3 bis 4) in etwa 40 Minuten goldbraun backen.

9 Nach dem Abkühlen mit Puderzucker bestreuen.

Pro Portion: 2291/548 kJ/kcal
10 g Eiweiß • 26 g Fett
62 g Kohlenhydrate • 10 g Ballaststoffe • 24 mg Cholesterin

Tipp der Köchin

Im Vergleich zu dem Original-Strudelteig ist diese Teigvariante schnell zubereitet und leicht auszurollen.

Schnelles Dessert

Calvadosäpfel mit Nüssen

Für 4 Portionen

- 4 Äpfel, feinsäuerlich-aromatisch
- 80 g Butter
- 20 g Walnusskerne
- 4 cl Calvados, 1 Prise Zimt

10 Minuten

1 Äpfel waschen, entkernen und das Fruchtfleisch in dünne Schnitze schneiden.

2 Die Hälfte der Butter in einer breiten Pfanne aufschäumen lassen, die Walnusskerne hineingeben und 2 bis 3 Minuten unter ständigem Rühren bräunen.

3 Die Apfelscheiben rosettenförmig einlegen und 2 bis 3 Minuten zugedeckt dünsten lassen. Sie sollten dabei nicht zerfallen.

4 Mit dem Calvados ablöschen und Zimt überstäuben. Die restliche Butter dazugeben und die Sauce einige Minuten cremig einkochen lassen.

Pro Portion: 1054/252 kJ/kcal
1 g Eiweiß • 18 g Fett
13 g Kohlenhydrate • 3 g Ballaststoffe • 48 mg Cholesterin

Apfelstrudel kann man heiß, lauwarm oder kalt genießen. Je nach Belieben serviert man ihn mit Schlagsahne, Vanilleeis, Vanillesauce oder einfach pur.

Die Calvadosäpfel mit Nüssen schmecken am besten noch lauwarm. So kann sich das Aroma von Zimt und Calvados richtig entfalten, und die Süßspeise wird zum wahren Genuss.

Französisch gut

Elsässer Apfelkuchen

Einige köstliche Gerichte sind aus dem angrenzenden Elsass auch zu uns herübergekommen. Dazu zählt neben dem Elsässer Apfelkuchen auch der Flammenkuchen – ein sehr dünner, mit Sauerrahm, Speck und Zwiebeln belegter Kuchen.

Für eine Springform (26 cm Durchmesser), 12 Stücke

Teig:
200 g Mehl
2 EL Zucker
1 Prise Salz
75 ml Apfelwein, ersatzweise Mineralwasser
100 g kalte Butter

Guss:
1 Ei
125 g süße Sahne
1–2 EL Zucker
1/2 TL gemahlene Vanille

Belag:
1–2 EL Korinthen oder Rosinen
500 g Äpfel, feinsäuerlich oder säuerlich
Butter oder Öl für die Form

90 Minuten

1 Mehl mit Zucker, Salz und Apfelwein in eine Rührschüssel geben. Die Butter in kleinen Stückchen dazugeben und alles zu einem glatten Teig verkneten. Den Teig zu einer flachen Kugel formen und etwa 20 Minuten kühl stellen.

2 Den Backofen auf 200 °C (Umluft 180 °C, Gas Stufe 3 bis 4) vorheizen. Eine Springform einfetten.

3 Den Teig in die Form geben, mit den Händen einen gleichmäßigen Boden ausdrücken und mit den Fingerspitzen einen 2 bis 3 Zentimeter breiten Rand hoch ziehen. Den Teigboden mehrmals mit einer Gabel einstechen. Die Form in den Backofen schieben (mittlere Schiene) und den Teig 10 Minuten vorbacken.

4 Für den Guss Ei mit Sahne, Zucker und Vanille verquirlen. Für den Belag die Korinthen mit heißem Wasser überbrühen und einige Minuten quellen lassen.

5 Äpfel waschen, schälen, entkernen und das Fruchtfleisch in 3 bis 4 Millimeter feine Schnitze schneiden. Die Apfelschnitze kreisförmig auf den vorgebackenen Boden legen.

6 Das Wasser der Rosinen abgießen und die Früchte auf den Äpfeln verteilen. Den Guss nochmals durchrühren und gleichmäßig über die Äpfel gießen.

7 Die Form in den Backofen schieben (mittlere Schiene) und den Kuchen in 25 bis 30 Minuten goldbraun backen.

Pro Stück: 864/201 kJ/kcal
3 g Eiweiß • 11 g Fett
21 g Kohlenhydrate • 8 g Ballaststoffe • 51 mg Cholesterin

Gelingt leicht

Gedünstete Äpfel mit Amaretti

Für 4 Portionen

4 Äpfel, süß oder feinsäuerlich
1/2 l Cidre oder Apfelsaft
40 g kalte Butter
1 cl Calvados nach Belieben
1 EL Zucker nach Belieben
8 Amaretti-Kekse

20 Minuten

1 Äpfel waschen, schälen und das Kerngehäuse ausstechen. Äpfel im kochenden Cidre zugedeckt in 7 bis 10 Minuten nicht zu weich garen. Äpfel auf Teller setzen.

2 Sud bei starker Hitze einkochen lassen. Butter und nach Belieben Calvados und Zucker einrühren und die Sauce sirupartig einkochen.

3 Die Hälfte der Amaretti in einer Schüssel zerbröseln und in die Äpfel füllen. Apfelsirup über die Äpfel gießen. Restliche Amaretti auf die Äpfel setzen.

Pro Portion: 1145/274 kJ/kcal
2 g Eiweiß • 12 g Fett
36 g Kohlenhydrate • 7 g Ballaststoffe • 24 mg Cholesterin

Wer sahnige, cremige, schwere Torten ablehnt, ist beim Elsässer Apfelkuchen genau richtig. Er ist ein wahrer Genuss und absolutes Muss für alle Apfelfans.

Wenn Gäste eingeladen sind, die gedünsteten Äpfel nach Belieben mit Vanilleeis oder Vanillesauce servieren, oder steif geschlagene, leicht gesüßte Sahne dazu reichen.

Traditionell gut

Gedeckter Apfelkuchen

Für eine Springform (26 cm Durchmesser), 16 Stücke

Teig:
350 g Mehl
2 gestrichene TL Backpulver
100 g Zucker
1 Prise Salz
1 Prise gemahlene Vanille
1 Ei
1–2 EL Milch
125 g kalte Butter

Belag:
50 g Korinthen oder Rosinen
1 kg feinsäuerliche Äpfel
2–3 EL Zitronensaft
1–2 EL Rum
40 g Butter
2 TL Zimtpulver
Puderzucker zum Bestreuen

90 Minuten

1 Mehl mit Backpulver vermischen. Zucker, Salz, Vanille, Ei und Milch einrühren. Die Butter in kleinen Stückchen dazugeben und zu einem Teig zusammenkneten. Den Backofen auf 200 °C (Umluft 180 °C, Gas Stufe 3 bis 4) einstellen. Die Springform einfetten.

2 Ein Drittel des Teiges kühl stellen. Zwei Drittel mit den Händen in der Form zu einem Boden ausdrücken. Einen 3 Zentimeter hohen Rand hoch ziehen. Teig mehrmals mit einer Gabel einstechen. Die Form in den Backofen schieben (mittlere Schiene) und den Teig 10 Minuten vorbacken.

3 Korinthen mit heißem Wasser überbrühen und einige Minuten quellen lassen. Äpfel waschen, schälen, entkernen und das Fruchtfleisch in 4 Millimeter feine Scheiben schneiden. Mit Zitronensaft vermischen. Das Wasser abgießen und die Korinthen mit dem Rum verrühren.

4 Apfelscheiben in der Butter 2 bis 3 Minuten dünsten. Korinthen und Zimt einrühren. Äpfel etwas abkühlen lassen.

5 Den restlichen Teig auf Klarsichtfolie in der Größe der Springform ausrollen. Mit Hilfe eines Tellers in der Größe der Form ausschneiden. Äpfel auf dem Teigboden verteilen. Deckel auflegen und Folie abziehen.

6 Die Form in den vorgeheizten Backofen schieben und den gedeckten Apfelkuchen 25 bis 30 Minuten backen.

7 Den Kuchen einige Minuten in der Form auskühlen lassen. Den Rand mit einem Messer lösen. Den Springformrand entfernen, den Kuchen vom Boden lösen und auf einem Kuchengitter auskühlen lassen. Mit Puderzucker bestäuben.

Pro Stück: 953/228 kJ/kcal
3 g Eiweiß • 10 g Fett
29 g Kohlenhydrate • 4 g Ballaststoffe • 40 mg Cholesterin

Für hübsche Verzierungen eine Papierschablone in Apfelform vor dem Überstäuben auf den Kuchen legen, einen Zuckerguss aus Puderzucker und Zitronensaft auf den noch warmen Kuchen geben oder aus Teigresten Blätter formen und vor dem Backen auf den Deckel setzen.

Der gedeckte Apfelkuchen sollte unbedingt mit Butter zubereitet werden. Ihr Geschmack verleiht dem Kuchen ein unverwechselbares, feines Aroma.

Rezeptregister

Sachregister

Die Autorin
Johanna Handschmann war lange Jahre Hauswirtschaftslehrerin und Fachschulrätin. Heute lebt und arbeitet sie als freie Autorin in der Nähe vom Bodensee. Sie hat bereits mehrere Kochbücher veröffentlicht und ist vor allem als Fachautorin für Vollwerternährung und Trennkost in Erscheinung getreten. Des weiteren hält sie auch Kochkurse und Weinseminare ab.

Der Fotograf
Nikolaus Herrmann lebt und arbeitet in Hamburg. Nach seiner Ausbildung zum Fotografen stand er vier Jahre im Fotostudio an der Seite von Arnold Zabert, dem großen Meister der Food-Fotografie. Seit 1992 fotografiert Nikolaus Herrmann im eigenen Studio in erster Linie Food und Stills.

Bildnachweis
Alle Foodmotive stammen von Nikolaus Herrmann mit Ausnahme von: Titel Fond und Einklinker: Karl Newedel; S. 8 bis S. 11: Christl Eberle (Apfelsorten); Freisteller: Südwest Verlag

Anmerkung der Redaktion
Diesem Buch liegt die im Juli 1996 in Wien beschlossene und seit 1. August 1998 verbindliche Neuregelung der deutschen Rechtschreibung zu Grunde.

Lektorat: Susanne Kirstein
Projektleitung: Michaela Röhrl
Bildredaktion: Bettina Huber
Fotografie: Nikolaus Herrmann
Foodstyling: Jenny Susanti
Produktion: Manfred Metzger
Layout und Umschlaggestaltung:
Manuela Hutschenreiter
DTP/Satz: Hubertus von Baer

Printed in Germany
Gedruckt auf chlor- und säurearmem Papier

ISBN 3-517-07729-1